MARÍA JESÚS SOTO-BRUNA

FILOSOFÍA DE LA IMAGEN

En busca del rostro humano

EDICIONES UNIVERSIDAD DE NAVARRA, S.A.
PAMPLONA

Serie: Filosofía

Cupón para la Biblioteca Virtual

Accede a la versión eBook de este título por solo **1,99 €**. Con la compra de este libro puedes utilizar el siguiente cupón para la lectura en *streaming** desde la Biblioteca Virtual. **Sigue estas instrucciones** para visualizar tu libro:

1. Dirígete a la web de la Biblioteca Virtual en **https://ebooks.eunsa.es**.

2. En la web ve a **Iniciar sesión** e introduce tu email y contraseña. Si no estás registrado, deberás completar el proceso en **Registrarse**.

3. Tras registrarte, accede a la página del libro o lee el QR de esta página. Bajo el precio podrás **insertar el código oculto en el siguiente cupón** para activar la promoción.

Despegue para visualizar

Acceso directo al eBook

Canjéalo en ebooks.eunsa.es

*Con acceso a internet desde cualquier navegador.

© 2025. María Jesús Soto-Bruna
Ediciones Universidad de Navarra, S.A. (EUNSA)
Campus Universitario • Universidad de Navarra • 31009 Pamplona • España
+34 948 25 68 50 • www.eunsa.es • eunsa@eunsa.es

ISBN: 978-84-313-4052-0
DL NA 1341-2025

Imagen de cubierta:
Hildegarda de Bingen, *Libro de las obras divinas*. La ciudad de Dios y el espejo de los ángeles. Tercera Parte, visión primera. *En la cima resplandece como un espejo, de tan gran claridad y pureza, que parece sobrepasar el resplandor del sol [...]. Este espejo, que contiene en sí muchos secretos ocultos, emite un esplendor de gran latitud y altitud [...]. En este aparecen muchos misterios y formas de diversas imágenes.*

Fuente de la imagen:
Liber divinorum operum, Hildegarda de Bingen, fol. 118r, Codex Latinus 1942, Biblioteca Estatal de Lucca (1174). Reproducido en *Voice of the Living Light: Hildegard of Bingen and her World*, ed. Barbara Newman, University of California Press, 1998.

Imprime: Podiprint
Printed in Spain – Impreso en España

A Elisabeth Reinhardt, por su magisterio y su amistad

Tampoco el hombre mortal subsistiría si contemplara el resplandor de mi divinidad; pero me muestro entre sombras a los hombres perecederos mientras pese sobre ellos la carga de su mortalidad, como el pintor hace ver lo invisible a los demás por las imágenes de su pintura.
Hildegarda de Bingen, *Scivias*,
Parte III, visión undécima, 28.

Esta ciencia es especulativa porque es como un espejo: igual que el hombre mira su rostro en el espejo y advierte si en él hay belleza o defecto, contempla la obra realizada en esta ciencia y considera interiormente lo bueno y lo malo que hay en ella.
Hildegarda de Bingen, *Scivias*, Parte III, visión segunda, 9.

Yo he diseñado al hombre, que tiene su raíz en mi sombra como en el agua se ve la sombra de cualquier cosa.
Hildegarda de Bingen, *Libro de las obras divinas*, Parte III, visión tercera, II.

Y en cuanto que es imagen de la absoluta complicación, que es la mente infinita, tiene el poder de asimilarse a toda explicación. Compruebas por ti mismo que se puede afirmar que nuestra mente tiene tales características porque es la imagen de la simplicidad infinita que complica todas las cosas.
Nicolás de Cusa, *La mente*, IV.

Índice

Introducción

Para comprender la cultura de la imagen y de lo visual, en el siglo pasado se inauguró lo que se ha llamado una *Bildwissenschaft* o *Ciencia de la imagen*. Sus precedentes se encuentran en autores como Walter Benjamin o Erwin Panofsky; y más recientemente, Mitchell ha desarrollado una *Teoría de la imagen*[1]. Existe aquí una denuncia a la tendencia de proponer imágenes para saber qué es una imagen. La multiplicación de las imágenes es lo que presentaría un mundo *de imágenes,* pero sin *imagen*. En esta "realidad virtual" las imágenes se suceden y acaecen más allá de un horizonte significado.

Este libro pretende estudiar las bases sobre las que la filosofía, desde sus inicios, ha ido elaborando una noción consistente de imagen; noción esta que se aleja tanto de una figuración representacionista –denunciada por Richard Rorty[2]–, como de una concepción de la imagen como algo huidizo que pasa fugazmente

1. W. J. T. Mitchell, *Teoría de la imagen. Ensayos sobre la representación verbal y visual*, Akal, Madrid 2009.
2. R. Rorty, *Philosophy and the Mirror of Nature*, Princeton University Press, New Jersey 1980.

ante la vista. La filosofía de la imagen es al mismo tiempo una filosofía del sentido que trata de averiguar qué cosas tienen valor existencial como para lograr la unidad biográfica que requiere una vida humana bella.

La imagen es representación visible de lo invisible; en cuanto tal es también manifestación y expresividad. Por esta caracterización su estudio corresponde, por una parte, a una teoría del conocimiento que pueda explicar de qué tipo de visibilidad y de invisibilidad se trata; y entonces mostrar cómo opera el entendimiento humano a partir del ojo que ve las cosas manifiestas y, de ahí, mostrar cómo se accede a una mirada intelectual que muestre lo invisible de la primera mirada. Teniendo en cuenta este motivo, se hace necesaria una noética de la imagen que dé cuenta de esa manifestación intelectual que acontece más allá de los denominados *phantasmata* de la imaginación. Como representación, debe presentar tanto lo que ella es como aquello de lo cual procede y, con ello, es imprescindible que la imagen sea algo *ex alio expressum*. En cuanto procedente de *imitago* denota una relación, pero nunca es mera imitación.

Por otra parte, el estudio acerca de la imagen conviene a una antropología metafísica que pueda acercarse a aquel pasaje bíblico de *Génesis*, 1, 26, que relata desde arcano la posición del hombre en el mundo. Según este pasaje el ser humano ha sido hecho a imagen y semejanza del más excelso de los seres; cuestión que aparece desde las raíces helénico-judaicas del pensamiento y que las primeras teologías orientales y occidentales tradujeron como alocución de un Dios Trino que dice: *Hagamos al hombre a nuestra imagen y a nuestra semejanza*, y declaran a la persona humana como *imago Dei*, habiendo de averiguar el rasgo de la semejanza. Se abre así una brecha de difíciles problemáticas alrededor de la cuestión de si Dios puede realmente quedar expresado en esa imagen que es la persona humana. ¿Cómo podría representarse al que es inefable y está más allá de cualquier ojo? Porque, según otro relato bíblico, la mirada cara a cara conlleva la muerte de aquel que mira (*Éxodo*, 33, 20). Juan, Pablo y Moisés aseguran que la visión de Dios es imposible y que, en todo caso, ella es la vida eterna. *A Dios no le ha visto nadie jamás*. Dios mismo se declara trascendente a toda imagen que pudiera dar a conocer su naturaleza; sin embargo, no reúsa la relación personal y viva con los hombres. Al *henoteísmo* antiguo se opone una relación de personas que da cuenta asimismo de la diversidad de expresiones que pueden entrar en diálogo con lo que ellas no son.

Por supuesto, una filosofía de la imagen tiene que habérselas con las cosas del mundo, pues ellas son susceptibles de aparecer inteligibles a un entendimiento humano que es capaz de hacerse inmaterialmente con ellas. La pregunta aquí no es tanto "¿qué son las cosas?" sino más bien "¿cómo aparecen las cosas al entendimiento?". Lo cual, en cierto modo, supone la idea un pensamiento anterior en el que las ideas de las cosas se hallen representadas. También supone que el conocimiento humano es capaz de ver y, por lo tanto, desvelar el sentido –simultáneamente encubierto y manifiesto– que el rostro de las cosas indica. El hombre ha intentado siempre leer el rostro de la naturaleza.

Noética, metafísica y fenomenología de la imagen se entrecruzan entonces para configurar esto que llamamos aquí "filosofía de la imagen", sin descuidar el apunte teológico que conlleva la noción misma de imagen. Es preciso resaltar que por debajo de todas estas consideraciones se halla una posición filosófica fundamental y esta es la convicción de que el entero orbe de lo real, en el que el ser humano se inserta interpreta y actúa, esconde tras de sí un sentido último, oculto y manifiesto a la vez, y que el hombre descubre y desvela a la vez.

Ciertamente no se trata aquí de una imagen en un espejo – aunque la metáfora especular es muy recurrente en las filosofías de la imagen– pues esa no posee entidad alguna, ya que exige la presencia continua de aquello de lo cual pretende ser imagen. Pero en el nervio mismo de la idea de imagen está el que no se halle presente ante ella aquello de lo cual es imagen, implicando así necesariamente una relación de "parentesco" hacia su origen. Para estudiar la imagen hay que dejar de lado el espejo, pues de cualquier modo que queramos definir una imagen especular, siempre se halla determinada, en su origen y en su existencia física, por un objeto que debe en todo caso estar presente y que es el referente de la imagen y nunca puede ausentarse; por esta razón la imagen especular no tiene estatuto o consistencia propia.

Si se quisiera encerrar el mundo en el espejo, este no podría dar cuenta de la finitud; entraríamos en el reino de la multiplicidad, del devenir y de la desemejanza, región, la de la desemejanza, que hace al hombre un extraño respecto del pensar. El mundo se resuelve en destello y la imagen se aleja y se desvanece cuando se atiende solamente a la opacidad del instrumento brillante.

El significado de la imagen, haciendo sin duda alusión a lo visual, no se detiene en lo que el ojo ve. El elemento visual es el punto de partida para la reflexión filosófica y, al menos en la tradición del Platón histórico, se ha considerado como un medio para la transformación interior y, en definitiva, para una "conversión" del alma hacia lo que está más allá de sí misma, pues la visión representa el caso más espiritual dentro del conjunto de conocimiento sensible. En efecto, la visión ocular, por causa de la incidencia en ella del rayo de luz que refracta en la pupila, forma una imagen que se proyecta ante ella y que se forma en la retina; y ante esa imagen ocular que pasa a ser representada en la imaginación, el entendimiento tiene la capacidad de visualizar la imagen sin los elementos sensibles que posee la imagen ocular. Esta posibilidad de acceder a lo inmaterial –lo invisible a los ojos– es lo que eleva al hombre al anhelo de la contemplación. En Plotino, por ejemplo, la búsqueda filosófica sobre los fundamentos divinos de la realidad implica ella misma una particular forma de existencia cuyo fin último consiste, según la imagen de Ulises en la *Odisea*, en el retorno del hombre a su verdadera patria, esto es, a aquel lugar que se conforma propiamente con su esencia y que en Plotino es el Intelecto y lo Uno (*Enéada* I, 6, 8).

Recordemos de paso que la *Odisea* en su conjunto enseña que todos los trabajos emprendidos por Odiseo, rey de Ítaca, tras la toma de la ciudad de Troya, tienen un único fin: volver a Ítaca; llegar al lugar del encuentro de sí mismo. El comienzo del poema (*Canto* I, 1-10) es extremadamente significativo: *Musa, dime de aquel varón de multiforme ingenio que en su largo extravío / tras haber arrasado el alcázar de Troya, / vio las ciudades y conoció el género de innúmeras gentes. / Y padeció en su ánimo gran número de trabajos por las rutas marinas luchando / por sí mismo y su vida y la vuelta al hogar de sus hombres.*

Odiseo es reconocido en todos los ámbitos por su inteligencia: *ve, conoce*, y también *padece*: maneja todos sus recursos en las diversas batallas que encuentra en su camino con el ardid del pensar en cada situación el modo de llegar a la patria, sin reparar en los afanes que a ello habrían de conducirle. Así también quien se conoce y reconoce en sí mismo la impronta de una imagen, no tiene otro anhelo sino el de descubrir su raigambre espiritual. Lo cual no puede cumplirse sin un gran esfuerzo, como decíamos, de transformación y de conversión. Precisamente de Ulises nos habla Platón al término de la *República* —a través del mito de Er— como de un alma que se goza en ser ella misma.

El retorno a Ítaca se realiza en Plotino a través de una vía filosófica que no olvida el camino ético: "Sin la práctica de la virtud, el discurso sobre Dios no es más que un nombre vacío" (*Enéada* II, 9, 15, 40). Esto permite al ama la asimilación a lo divino y vivir su propia vida. Pero lo que es semejante a lo divino no puede desaparecer; así la filosofía se presenta como el cumplimiento auténtico de la vida intelectual y espiritual. Puede afirmarse que en las filosofías de corte platónico existe sin duda una motivación escatológica. Son claras las implicaciones ético-prácticas de la filosofía de la imagen. El *conócete a ti mismo* deriva en *sé lo que eres* y culmina en *asciende a Él*. Se trata del "más bello" de los caminos y conlleva una tensión de la imagen hacia un modelo del cual participa. Podría pensarse que en esta filosofía hay un claro primado del origen, modelo o arquetipo. Pero primar ese camino conduciría finalmente a una negatividad de la imagen en pro de un original que quedaría sumido en el aislamiento; lo cual no procede en el pensar de la imagen. No se trata de acentuar una diferenciación que hiciera imposible una noción metafísica de semejanza por la vía de la participación. Lo absolutamente otro no puede inspirar el camino de la imagen. Tampoco podría ser la imagen una mera imitación; el término *mímesis* incluye la *methéxis*.

La imagen se entiende aquí con un estatuto ontológico propio que no es el del reflejo especular. Se trata del reino de lo finito que reivindica para él una independencia que se cumple a través de la relación.

Desde la filosofía de la imagen, el pensamiento se retrata como un conducir al hombre a encontrar la semejanza original. Su *télos* es llevar a la persona al conocimiento de sí, sin el cual no podrá encontrar aquella. Gregorio de Nisa es un buen ejemplo de este modo de pensamiento. Por su parte, Pablo sitúa el conocimiento de sí en el "haber sido conocidos por Dios"[3]. Y en Agustín "el término de referencia no es el conocimiento que Agustín tiene de sí mismo, sino el que Dios tiene de él"[4] y el conocimiento del

---

3. *Gálatas*, II, 9-11.
4. A. M. González, *Descubrir el nombre. Subjetividad, identidad, socialidad*. Comares, Granada 2021, p. 224.

hombre interior requiere el abandono de toda imagen especular, *el alma no puede verse en un espejo*[5].

En el horizonte que vamos describiendo la comprensión de la imagen tiene mucho que ver con la idea de un diseño divino del mundo. La idea del diseño apunta a dos cosas. En primer lugar, a una causalidad diferente de la cuádruple causalidad aristotélica. Se refiere más a la causalidad del bien de la *República* de Platón. En el libro VI, 18-19, después de hablar de la principalidad de la luz como un tercer elemento posibilitante de la relación entre la facultad de ver y la propiedad de ser visto, analoga la fuente de luz sensible que es el sol con el origen causal de esta luz, el cual es el bien; de tal modo que "el uno se comporta en la esfera de lo visible, con referencia a la visión y a lo visto, no de otro modo que el otro, en la esfera de lo inteligible, con relación a la inteligencia y a lo pensado por ella"; y de aquí se eleva a la idea de bien, que es "causa del conocimiento y de la verdad. Es ella misma la que procura la verdad a los objetos de la ciencia y la facultad de conocer al que conoce. Además, siendo muy hermosas ambas cosas, esto es la ciencia y la verdad, pensarás con razón si juzgas aquella idea como algo distinto y mucho más bello. Y al modo como en el otro mundo puede pensarse rectamente que la luz y la visión se parecen al sol, así también debe pensarse en este que la ciencia y la verdad se parecen al bien, sin llegar a creer por ello que sean el bien mismo. Sin embargo, la posesión del bien ha de requerir mucha más estima" (508 b). Sigue diciendo que el bien posee una extraordinaria belleza.

Sin embargo, la idea del diseño podría dar lugar a un equívoco si se plantea solamente como una determinación externa que definiera el camino que debe tomar la imagen. Para enfrentar esta postura, es necesario introducir la libertad en las nociones de ima-

5. *De Trinitate*, X, 3, 5.

gen y semejanza y concebirlas como un dinamismo, en la expresión de Robert Javelet. Esa libertad se refiere a lo que los griegos llamaron *eleutheria* y que constituye la dignidad de un ser sin servidumbre. Y es que, en la tensión implícita que conlleva el término de imagen, la perfección de esta exige el paso de la desemejanza a la semejanza y supone entonces que la existencia puede ser un fracaso o un éxito: todas las cosas pueden ser otras. El hombre, en la medida que es responsable de su desemejanza, puede actuar con rectitud o no; se trata de la historia de cada alma. Por lo tanto, imagen y semejanza no son nociones fijas, sino que comportan un dinamismo vital. La libertad reside en la elección de una orientación de vida, pudiendo decidir el destino personal. La *autonomía*, que se refiere al hombre que lleva en sí su propia ley y la reconoce, puede ser interpretada desde un punto de vista teológico como libertad real (del rey). Gregorio de Nisa presintió que la razón de imagen reside en la libertad inalienable. Puede ponerse el acento en el *alfa* originante y participable, o bien en el *omega* como *télos* y también participable. La libertad se aprecia quizá más en la primera postura, pero también puede aparecer en la segunda, como cuando Agustín de Hipona sostiene que la imagen es tensión hacia Dios según la norma del Verbo: aquí abre toda una especulación sobre la propia voluntad. Bernardo de Claraval es quien liga claramente imagen y libertad metafísica con el fin de evitar la igualdad del hombre con Dios, apelando a la noción agustiniana de "capacidad", se trata de la capacidad que tiene el alma de desenvolvimiento (*Sermón* 80, P. L. 183, 1126 D) y deriva en el principio: *imago in libertate, similitudo in rectitudine*. Parece haber entonces un dinamismo existencial que se expresa en la libertad de la imagen y un anhelo de perfección que está ligado razonablemente a la semejanza. Y es que ser competente para sí mismo en todo ser es la gran posibilidad del espíritu humano. Es *intelligentia*. En la lectura interna de sí mismo (*Intus legere*) se ve a sí mismo como un ser-capaz-de-ser.

Con los apuntes anteriores observamos que el estudio de la imagen requiere asimismo una investigación acerca de la creación. Pues, desde lo alcanzado hasta ahora, la imagen implica, no solamente la visibilidad de lo invisible, sino una dependencia a su origen y ello en su terminología propia, tanto como *eikon* y como *imago* y también como *methexis* o participación.

Desde otros presupuestos, Hans Georg Gadamer se ha referido en el siglo XX a la idea de la expresividad de la imagen, con pasajes muy lúcidos. En este momento interesa exponer algunas definiciones que él da de la idea de expresión y que, en su significado fundamental, acogemos. Para Gadamer es necesario ante todo desligar el sentido meramente lingüístico que en la historia se ha dado a la noción de expresión, emparentándola así con la retórica y la poética. Y es que, en efecto, ese tratamiento no alcanzaría jamás el núcleo de la cuestión; es preciso, pues, elevarse a un nivel de ideas anterior que decide, fundamentalmente, sobre la estructura del universo que el ser humano, en definitiva, desvela en sus intentos de interpretación. Cuando uno entra en la temática de la imagen-expresión lo que descubre enseguida es la urgencia de situarse detrás de los objetos que se pretenden conocer para abarcarlos en su fundamentalidad. A mi juicio, esto es lo que dejan ver las siguientes palabras de Gadamer: "El concepto de interpretación histórica tiene más bien su correlato en el concepto de expresión, concepto que la hermenéutica histórica no entiende en su sentido clásico tradicional como término retórico referido a la relación del lenguaje con la idea. Lo que expresa la 'expresión' no es sólo lo que en ella debe hacerse expreso, su referencia, sino preferentemente aquello que llega a expresarse a través de este decir y referirse a algo, sin que a su vez se intente expresarlo; ese algo así como lo que la expresión 'traiciona'. En este sentido amplio el concepto de 'expresión' no se restringe al ámbito lingüístico, sino que abarca todo aquello detrás de lo cual merece la pena llegar a situarse para poder abarcarlo, y que al mismo tiempo no resulte imposible intentarlo. *La expresión tiene que ver aquí no tanto con el sentido intentado, sino con el sentido oculto que hay que desvelar*"[6].

La tarea atribuida por Gadamer a la expresión de la una imagen está, ciertamente, brillantemente expuesta en este texto.

Lo que a Gadamer le interesa es proponer una teoría ontológica del arte y, en este sentido, disociar las nociones de: obra de arte y representación; esto es, dotar de una validez propia a la obra de arte y eliminar su tradicional carácter representativo e imitativo. Aunque el intento de Gadamer se centra en la teoría estética, elaborada a partir del método hermenéutico, su "nueva ontología de la imagen" revela una cierta autonomía de la obra de arte y, por ende, de la imagen.

¿Qué es una imagen? ¿Es solamente algo que imita a algo? La imagen puede llevar hacia otra cosa que ella representa, pero tiene validez en sí misma, puesto que su propio ser es una presentación —normalmente al intelecto, pero también a los sentidos— o manifestación de ella misma y de su remitencia. ¿Es un signo? El signo es aquello que, además de la forma —*species*— que presenta al cognoscente, conduce también a alguna cosa de la que él es signo. Imagen y signo representen y reenvían, pero el signo acentúa menos la relación de origen que define a la imagen y subraya la intencionalidad. Según Olivier Boulnois, la semejanza en la causalidad equivale al concepto de imagen.

Dentro del amplio panorama expuesto en esta introducción puede advertirse hoy la necesidad de hacer hoy una filosofía de la

---

6. H.-G. Gadamer, *Verdad y método. Fundamentos de una hermenéutica filosófica*, (Tr. A. Agudo Aparicio y R. de Agapito), Salamanca 1977, p. 409. El último subrayado de la cita es mío.

imagen cuyo propósito sea dejar de lado una ontología estática y devuelva a los entes el intrínseco dinamismo que les permite realizar su esencia, esto es, aquello que ya son y que debe ser repensado desde una originaria unidad de relación. Recuperar así una filosofía de la relación en la que lo entitativo y lo relacional se integren en una concepción del mundo cargado de valor.

En terminología de Nicolás de Cusa, la imagen es aquello que se refiere al *relucere* y al *resplendere* y esto quiere decir que está relacionada con la luz. La luz indica principalmente al intelecto, pero también a los principios constitutivos de la realidad, puesto que –otra vez según el relato bíblico– es lo primero que fue hecho.

En este libro relato unas ideas bastante trabajadas sobre una cuestión –la de la imagen– que sin duda pueden iluminar el quehacer filosófico en la actualidad; pero que también interpelan al ser humano en el modo de concebir su existencia.

I

La doble tensión de la imagen.
Platón y el pensamiento actual

La imagen es la representación visible de lo invisible, y ahí radica lo misterioso de esta noción: ¿se puede visualizar o hacer presente lo que es invisible o está ausente? Las cuestiones acerca de la imagen proceden de fuentes helénicas y judaicas, así como de raíces filosóficas, religiosas y espirituales. La imagen es también la base para la contemplación. Pero ¿qué imagen? Ciertamente, no aquella que proviene de la imaginación y que es puente para la tarea del despojamiento de sus caracteres sensibles o individuantes en aras a proporcionar una invisibilidad –el signo formal– que sí que sería entonces el punto de partida para el recogimiento contemplativo o para la vida espiritual.

El interés por alcanzar esa cima proviene desde los inicios del pensamiento racional. ¿Qué habría hallado Tales de Mileto para resbalar hacia el pozo y provocar la risa de la muchacha Tracia? El espíritu griego, ávido a la vez de razón y de eterna contemplación, esquivó la multiforme mutabilidad del mundo sensible. Recordemos a Anaxágoras en busca del *Nous* explicativo; o a Parménides creando un abismo entre el mundo que permanece estable e inteligible –el mundo del ser– y el mundo visible de la apariencia, en el que la verdad no puede ser encontrada.

a. Imagen e idea

Ciertamente, la reflexión propiamente filosófica sobre la imagen tiene su fuente en Platón. Curiosamente, encontramos en su obra múltiples textos sobre la imagen, pero entendida más bien como reflejo o copia efímera y, en este sentido, sus referencias son casi siempre al sentido de la vista y al objeto de mirada que es el espejo. En el idioma alemán existen vocablos para diferenciar la imagen, que es *Bild*, del reflejo en un espejo –*Spiegelbild* o *Wiederspiegelung*– siendo ambos diferentes de la copia –*Abbild*. Platón distingue la imagen –*eikon*– de la idea –*idea*– y del *eidos*, proviniendo estos últimos términos del verbo *idein*, que significa "ver" y donde la imagen equivale a apariencia. *Idea y eidos* hacen referencia a la vista; y en un lenguaje prefilosófico estos términos indican la forma sensible de la cosa, lo visto sensible. Después, estos vocablos pasan a significar la forma interior, la naturaleza específica, la esencia o el verdadero ser de las cosas. Para referirse a la imagen, el mismo Platón tiene bastantes textos sobre la imagen especular. Señalemos ahora –a modo de espigueo– algunos ejemplos.

Efectivamente, en Platón el espejo tiene un significado muy ambiguo. Por un lado, está la idea del "amor-espejo" del *Fedro* (255d): "Está, pues, enamorado, pero no comprende de qué (...) Y no se da cuenta de que, como en un espejo, ve en sí mismo a su amante; siempre que aquel está presente, deja, como él, de sufrir, y cuando está ausente, del mismo modo también, lo echa de menos y es echado de menos". "Ve en sí mismo a su amante", esto quiere decir que el propio yo se presenta como una suerte de espejo *en* el cual –no *a través* del cual– ve al objeto de su amor, el otro, que es reconocido en cuanto semejante a uno mismo. Aquí la imagen especular se halla ligada a la idea de semejanza, en cuanto que uno reconoce al otro en cuanto que está presente; del mismo modo como la imagen se presenta ante el espejo cuando ante ella se muestra la figura y desparece cuando esa figura se ausenta. Toda la filosofía de Platón aspira a resolver es sabido, a superar esa extraña exigencia de simultaneidad entre la imagen y lo real. Aquí, la aspiración a la unión no puede resolverse sin una disolución del mundo de la múltiple y diverso. Este obstáculo será precisamente la oportunidad para que el pensamiento cristiano de los primeros siglos abrace la imagen platónica y pueda utilizarla para darle una cierta consistencia y entonces poder considerar el significado profundo de *Génesis,* 6.

En Platón, sin embargo, se trata, en una primera aproximación, de un artilugio que más bien refleja apariencia, aun remitiendo a una existencia. Resulta célebre a este respecto aquel pasaje de la *República* en el que Platón, en boca de Sócrates, habla seguramente a Adimanto de un artesano "que hace surgir todas las cosas de la tierra", y que, además, "es causa de la tierra, del cielo y de los dioses"; y le dice también: "No resulta difícil este trabajo. Rápidamente y de muchos modos serías capaz de realizarlo. Bastaría con que tomases un espejo y lo dirigieses a todas partes: harías en un momento el sol y todas las cosas que hay en el cielo; y también la tierra, a ti mismo (y) a todos los seres vivos". "Sí –asintió–: haría todo eso en apariencia, pero carecería de realidad"[1]. No en vano Platón quería expulsar de su ciudad la poesía imitativa, que se tenía por creadora de realidades. Platón condena el señuelo del reflejo, enunciando la distorsión entre el ser y su doble irreal y fugitivo. La imagen está aquí ligada a la apariencia.

Por fin, cuando Alcibíades investiga sobre sí mismo, no puede contentarse con el espejo del que se sirve Cratilo, donde solamente aparece una réplica: "Si un dios –narra Platón en el *Cratilo*– no contento con reproducir tu color y tu forma, como hacen los pintores, representara, además, tal cual es, todo el interior de tu

---

1. Platón, *República,* 596 d-602 b.

persona [...]; brevemente, si con todos los rasgos de tu persona, pusiera a tu lado una copia fiel de ti mismo, ¿habría allí dos objetos del tipo Cratilo y la imagen de Cratilo, o bien habría dos Cratilos? –Cratilo: Me parece, Sócrates, que habría dos Cratilos. –Sócrates: ¿Ves, pues, amigo mío, la necesidad de buscar otra clase de exactitud para la imagen? [...] ¿No sientes tú hasta qué punto las imágenes están lejos de encerrar el mismo contenido que los objetos de los que ellas son imágenes? En este caso, el espejo como denuncia la duplicidad o la multiplicación de las imágenes del sujeto.

Hay, sin embargo, un *sentido* positivo del espejo en Platón. Cuando el mismo Alcibíades desea desentrañar la máxima de Delfos: "conócete a ti mismo". En el Diálogo *Alcibíades* Platón, en boca de Sócrates, relaciona el espejo con la mirada ocular, iniciando toda una fuente de inspiración para toda la filosofía posterior. En efecto, la visión especular de uno mismo remite a una visión superior, en la que uno se ve como es y así llega a cumplir la amonestación del oráculo de Delfos. Leamos. "–Sócrates: Si el ojo quiere verse a sí mismo, ha de dirigir su mirada a otro ojo y, precisamente, a la parte de este ojo en la que se encuentra su propia facultad perceptiva; esta facultad es lo que llamamos visión. –Alcibíades: Sin duda"[2].

A continuación, Platón pasa de la mirada ocular a la visión del alma: "–Sócrates: Pues bien, querido Alcibíades: si el alma desea conocerse a sí misma, también debe mirar a un alma y, sobre todo, a la parte de ella en la que se encuentra su facultad propia, la inteligencia, o algo que se le asemeje. –Alcibíades: es igualmente mi parecer, Sócrates. [...] –Sócrates: Es esta parte que parece realmente divina, y quien la mira y descubre en ella todo ese carácter sobrehumano, un dios y una inteligencia, bien puede decirse que tanto mejor se conoce a sí mismo. –Alcibíades: Así es. –Sócrates: Y

2. Platón, *Alcibíades*, 134 a.

es que, así como los espejos reales son más claros, más puros y más luminosos que el espejo de nuestros ojos, así también la divinidad es más pura y más luminosa que la parte mejor de nuestra alma. –Alcibíades: Indudablemente, Sócrates. –Sócrates: Mirando pues a la divinidad nos servimos del mejor espejo de las cosas humanas con respecto a la virtud del alma, y así, en él, nos vemos y conocemos mejor a nosotros mismos"[3].

Seguramente sea el anterior el texto clave que desentraña toda la enigmática del espejo. En efecto, si, finalmente, ese instrumento resulta ser el paradigma del conocimiento, sin duda es porque remite principalmente al autoconocimiento. Resulta, que en este cuadro de especulación esa búsqueda de sí no se resuelve sino en la fijación de la vista intelectual en el prototipo especular, que resulta ser la divinidad.

Más allá de estas imágenes, la doctrina de las ideas permite remontar el sentido de esa semejanza de la imagen especular e ir hacia lo inteligible. La *idea* es principalmente objeto de visión y, así, podría referirse al aspecto exterior de la cosa. Pero Platón hace de ella la forma esencial y, al mismo tiempo, trascendente, de las cosas sensibles, las cuales son para él meros *eikones* –imágenes. Estas son muy parecidas a las ideas, pero solamente al ojo sensible; mientras que las ideas son percibidas ante la mirada del espíritu. El vocablo "imagen" –*eikon*– connota además un parecido o semejanza o, al menos una referencia. De este modo, Platón pretende mostrar que existe una cierta relación entre el mundo sensible y el mundo "ideal". Se puede afirmar que su pensamiento se entretiene en averiguar la forma de esta relación.

En *República*, Sócrates se enfrenta a la pregunta de Glaucón: ¿qué es el bien? El mundo sensible está lleno de cosas buenas y bellas, pero su apreciación depende del conocimiento previo de

3. Platón, *Alcibíades*, 134 a.

qué sea el bien. La idea de bien "es causa del conocimiento y de
la verdad. (...) Y al modo como en el otro mundo puede pensarse
rectamente que la luz y la visión se parecen al sol, así también
puede pensarse en este que la ciencia y la verdad se parecen al bien
sin llegar a creer por ello que sean el bien mismo". Este "parecerse"
es la semejanza que las cosas sensibles guardan con respecto a las
ideas inteligibles. Y entonces Sócrates establece la teoría platónica
acerca de la imagen: "En la parte visible nos encontraremos con
las imágenes. Doy el nombre de imágenes en primer lugar a las
sombras y luego a las figuras reflejadas en las aguas y en todo lo
que es compacto, liso y brillante", es decir, la imagen se refiere más
al reflejo que al objeto que representa visiblemente lo invisible. Se
trata de una idea engañosa de las imágenes, las cuales son percibidas solamente por los sentidos.

Ahora bien, en este discurso, el sentido de la vista sobresale
ante todos los demás sentidos. El ver y el ser visto –aparece en el
texto– son las mejores cualidades que el artífice de todo ha otorgado a los seres humanos. Esto es así porque la vista es la única
facultad sensible que exige un tercero que medie entre ella y su
objeto. Pues no existirá visión alguna, aunque los ojos se encuen-
tren en buenas condiciones, "si no se les añade un tercer elemento
por naturaleza adecuado para este fin, ni existirá realmente visión,
ni los colores podrán ser percibidos"; este elemento es la luz. Y el
sol, fuente de la luz, es considerado lo primero en el mundo de
las ideas y ha otorgado la facultad de ver a los ojos "a modo de
emanación".

Entonces, así como los ojos, cuando se dirigen a los objetos ilu-
minados por la luz del sol, pueden ver con claridad, no ven cuando
se dirigen a las sombras de la noche. Desde la comparación del
sol con el bien, este último es la "causa del conocimiento y de la
verdad". La idea de bien es la que procura la verdad a los objetos
de la ciencia y la facultad de conocer al que conoce. Desde la pers-

pectiva del bien, aparecen la verdad y el conocimiento y entonces se concluye que las ideas no son percibidas por los sentidos, sino por la inteligencia.

Después de narrar el mito de la caverna al comienzo del libro VI de la misma obra, se nos dice que el bien ha engendrado al sol a semejanza de sí; por lo cual, el sol es en el mundo sensible lo que el bien en el mundo inteligible. Platón insiste sobre el lazo de filiación entre los dos mundos.

Se comprende a partir de lo anterior que el mundo sensible no es despreciado; lo que se condena es el mal modo de conocimiento: el buen conocer se ejerce según una escala de trascendencia. Con el ejemplo de la división de la línea, se representa la claridad y la oscuridad en ambos mundos. El mundo sensible se compone de imágenes o sombras. El mundo inteligible se desdobla según dos actividades del espíritu más que en dos objetos de conocimiento: el alma puede hacer uso, o no, de las imágenes; puede en efecto, realizar su búsqueda a través de las imágenes o solo por medio de las ideas. ¿Cuáles son las imágenes del mundo inteligible? Son los "originales" del mundo sensible; el alma se sirve de ellos como de imágenes. No están, ciertamente, en el campo visual de los ojos del cuerpo, pero sí que están en los "ojos del alma", y esta visión es la base para la contemplación, pues se observa la realidad en su relación al bien o a la divinidad.

Hay, para Platón, cuatro operaciones del espíritu, cuyo criterio de división es el grado de participación que los objetos corresponpondientes de la verdad: la conjetura (*eikasía*), que se refiere a las apariencias; la *pístis*, que es la fe o la creencia en la realidad objetiva de las sensaciones y que deriva en la opinión o *doxa*, la cual es un conocimiento imperfecto. Con la razón discursiva o *dianóia*, entramos en el conocimiento perfecto o *episteme*; aquí el espíritu parte de hipótesis, esto es, de imágenes correspondientes a la creencia y se eleva desde estas precarias bases –como si fueran principios–

hacia unas conclusiones: así hacen los matemáticos cuando se sirven de figuras para sus razonamientos, así se alcanza un cierto nivel de abstracción. Pero cuando el espíritu considera las hipótesis como tales, advierte que son puntos de apoyo para elevarse hasta el principio de todo, que no admite hipótesis alguna. Desde ese nivel de elevación, el espíritu desciende hacia todas las consecuencias que dependen del principio, esto es, va de una idea a otra. La ascensión anterior es la dialéctica platónica, este descenso es lo que llamamos deducción. Este es el doble camino de la inteligencia o *nous* (*noésis*). En este punto, todo es claridad, no hay imágenes ni hipótesis. Platón demuestra así que el fundamento de la certeza no es lo que se ve y que para obtener la certeza de lo real es necesaria una intuición inteligible: se amplía de este modo el ámbito de lo inteligible, que es el de la verdad profunda de los seres y donde el alma está de algún modo fuera de sí o en *éxtasis*.

Se puede afirmar ahora que, en esta doctrina, la imagen es una pieza esencial, pero por contraste, pues lo semejante es al modelo como el objeto de opinión es al objeto del conocimiento. La imagen es un reflejo de la realidad. En su búsqueda del origen de todo, Platón desecha en su noética la imagen, en tanto que ella no entra en la dialéctica ascensional. La noética no va en dirección de las sombras, sino que parte de las realidades sensibles y se dirige a la idea constitutiva.

b. Imitación y participación

El mundo sensible no es imagen —aunque pueda servirse de él como de una imagen—, pues la caverna es el lugar de la desemejanza y la actitud propia del espíritu para adquirir un conocimiento verdadero, debe ser la de comenzar por una conversión del espíritu y una orientación hacia lo real: la noética se une aquí a este factor moral, pues la purificación es un esfuerzo mediado por la rectitud del ánimo. Limpiar o lavarse los ojos es una actitud espiritual del que quiere la verdad y tiende a ella con todas las potencias del alma; es una suerte de amor como anhelo de lo eterno.

Desde la perspectiva anunciada, el hombre de la caverna puede considerar su cueva desde el fuego con cuya luz se iluminan las sombras de la pared y a partir de aquí se relata la posibilidad de un conocimiento progresivo: tras las sombras, aparecen las imágenes de hombres reales y otros objetos que aparecen como reflejados en las aguas. El mundo visible no es aquí considerado como un símbolo, como lo pueda ser la caverna, sino como el primer paso en el camino hacia el bien. Este camino nos acerca a la fuente de toda inteligibilidad y de todo ser. En este sentido, el mundo sensible pasa a ser considerado como una imagen que recibe su forma del mundo inteligible.

Ahora bien ¿imita el mundo sensible al mundo de las ideas? ¿O más bien participa de él? Si la cuestión fuera acerca de la imitación, lo visible estaría ahí para ver, a través de él, la invisibilidad de lo inteligible. El diálogo *Parménides* muestra bien las dificultades inherentes a la imitación. Cuando supone que hay una forma de la semejanza y otra forma de la desemejanza de tal modo que, participando de ambas, cada idea puede permitir la diversidad de las otras sin perder la propia consistencia ontológica, entonces nos dice irónicamente que "será prodigioso que lo semejante se vuelva desemejante y lo desemejante se torne semejante". Por otra parte, si una cosa fuese semejante a la idea o forma de ella, se corre el peligro de que el paradigma se torne imagen y exija otra idea o forma: "No es por tanto por semejanza que las cosas participan en las formas y conviene buscar otro modo de participación" (134 d).

Para resolver estos problemas, se admite que las formas estén en la realidad a título de paradigmas y que las cosas les sean semejantes como copias y que esta participación de las cosas en las formas puede consistir en que esas sean imágenes. Platón intenta llegar a un cierto realismo de las ideas de las cosas. La participación es entonces comparada al día, el cual está presente en todos los lugares, sin estar separado de sí mismo. Hasta aquí aparece la imagen como participación y puede decirse que, en un esquema teleológico global, la luz no se limita a ocasionar la formación de imágenes visuales. Su objetivo final es facilitar la reflexión y, con ello, revelar la belleza, el orden y el diseño inteligente del mundo. En este sentido, la luz cumple una función mayor: revela al ojo contemplativo los atributos divinos demiúrgicos que subyacen al cosmos. En otras palabras, la luz no es para el ojo, sino para la belleza reflexiva y la bondad del todo.

El *Sofista* hace uso del espejo y explica cómo el espejo presenta imágenes como los cuadros presentan pinturas. La imagen o simulacro es aquello que, en cierto modo, remite a la semejanza de lo verdadero; ella no es verdadera en sí misma, pero su semejanza sí que lo es. Puede ponerse la objeción de que hay imágenes verdaderas de seres verdaderos, en tanto que la verdad y el ser son considerados como términos equivalentes. El vocabulario manifiesta aquí una antinomia, pues la imagen puede ser verdadera y, por lo tanto, real; se puede decir que es una participación del ser y del no-ser, se la puede comparar al intervalo de la música, pues connota una tensión, en tanto que ella misma es una distención.

"¿Qué definición, pues, podríamos dar de la imagen, sino la de que es un segundo objeto semejante copiado sobre el verdadero?". En *Cratilo* (432 b/d) se demuestra que la imagen, para ser imagen, no debe reproducir absolutamente todos los caracteres del objeto, de lo contrario, sería el doble del objeto; además Platón considera que el objeto que nos presenta el espejo "aparece, pero no es". En este contexto y en lo que se refiere al ser humano, Platón prefiere no denominarlo imagen, sino, en tanto que es el ojo del universo, el observador que puede decir lo que es, lo caracteriza desde un parentesco (*syngenéia*, *oikéiosis*). Prefiere esta terminología como para invitar a la contemplación. Considera despacio el parentesco que une al alma con el mundo de lo divino, tal como relata el mito del *Fedro*: el demiurgo, que hace directamente al alma, nos explica que ella ha tenido un conocimiento de las realidades "sin color o figura" antes de entrar en el cuerpo; por donde se puede entender la reminiscencia, el anhelo y el delirio de amor: cada alma, al conocerse, conoce a la divinidad y así se comprende que pueda decirse que lo semejante tiende a lo semejante.

El sabio es el que recuerda su origen y puede liberarse del mundo de la imperfección; se purifica para unirse y asimilarse a lo divino en la contemplación de las ideas.

Sócrates criticó al hombre que no daba por cierto y existente más que aquello que podía ver y tocar, olvidando así el sentido de las cosas. Así transcribimos un texto del diálogo que lleva por subtítulo *De la ciencia*: "–Sócrates: Sin embargo, creo que sabrás prestarme un servicio: el de permitir que te ayude a penetrar en el pensamiento de un hombre y, sobre todo, de hombres famosos hasta lograr incluso descubrir la verdad que ellos guardan. –Teeteto: ¿Cómo no iba a verlo con simpatía y aun de buen grado? –Sócrates: Observa, pues, con atención qué es lo que no acaban de entendernos los profanos. Se trata en este caso de gentes que otorgan el ser tan sólo a lo que pueden aprehender entre sus manos: así, por ejemplo, se niegan a comprender en el ser a las acciones"[4]. Y es que para Platón el hombre coincide en esto con los dioses: el alma humana tiene por naturaleza un enlace íntimo con lo que es divino e imperecedero; piensa incluso que su finalidad es convertirse con eso divino. De ahí que sea preciso –dentro del platonismo– meditar en las cosas que el alma anhela.

4. *Teeteto*, 154 e-156 c.

Podemos deducir de lo anterior que la imitación es una semejanza paralela, en tanto que aquello que imita a algo, trata de asimilarse a ello, pero no lo es. Mientras que la participación hace más referencia a la filiación en cuanto que indica pertenencia al origen. En la Edad Media la imitación tendrá el mismo sentido que la participación: la imagen supondrá un modelo y una acción creadora, donde quedará revalorizada la imagen platónica por su participación en el modelo, pues el modelo divino será un modelo creador. Este camino representa la *segunda navegación* de Platón. En boca de Sócrates, Platón explica en el *Fedón*[5] su búsqueda metafísica de las primeras causas: "por saber lo que es tal causa, me hubiera hecho con grandísimo placer discípulo de cualquiera; pero ya que me vi privado de ella y no fui capaz de descubrirla por mí mismo ni de aprenderla de otro, ¿quieres que te exponga, Cebes, la segunda navegación que en busca de la causa he realizado?". Para Reale estas palabras y las que les siguen constituyen la *magna carta* de la metafísica occidental. En efecto, el mismo Aristóteles aceptará este planteamiento de la cuestión, y tanto que el núcleo fundamental de su problemática del "ser en cuanto ser" consiste precisamente en la pregunta acerca de si el ser se reduce al ser sensible o si, por el contrario, debe admitirse otra forma de ser por encima del sensible. Sabemos que después de Aristóteles esta cuestión atraviesa la historia del pensamiento posterior. Sócrates explica que la primera navegación es la que se hace con las velas desplegadas, mientras que la segunda navegación implica un esfuerzo notable, como cuando uno se queda en el mar con sólo una barca y sus remos; pues tuvo que abandonar la quimérica seguridad del mundo habitable para entrar, no sin cierto vértigo, en las

5. 99 b-d.

preguntas fundamentales que habían de dirigirle a la búsqueda de los conceptos o ideas que debían acercarle a la verdad de las cosas; sostuvo que el que examina correctamente las cosas en las imágenes advierte su realidad.

La segunda navegación lleva a Platón al descubrimiento de la existencia de un plano del ser más allá de los fenómenos físicos y con ella tiene lugar el paso del mundo sensible al mundo suprasensible. Las ideas son ser-en-sí y por ello se explica que en *República* VII, 521 d hable de una auténtica "ascensión al ser".

c. "Asciende a Él"

Toda criatura del mundo es como un libro y una pintura, para nosotros es también un espejo, de este modo se expresaba en el siglo XII Alano de Insulis en un bello poema que ha inspirado *parte* de la simbología medieval en lo que se refiere a la contemplación del mundo creado[6]. El *nobis* (para nosotros) se refiere explícitamente al conocer humano, que redunda en el reconocimiento de la propia vida. Ocurre que el ascenso a la contemplación desde el mundo requiere que este proceda de una mirada absoluta y creadora.

Se trata de la cuestión que Werner Beierwaltes ha expresado en su libro *Identidad y diferencia*; ahí, la pregunta se halla ligada a la cuestión sobre la unidad y la multiplicidad. Él la relaciona al tema del espejearse Dios a sí mismo a la hora de establecer esa relación idéntico-diferente / uno-múltiple. La diferencia, que determina el ser en su interior, junto con la identidad, aparece como real propiamente a través del acto de la creación: como libre poner la di-

---

6. A. de Insulis, Magistri Alani, *Rhytmus, quo graphice natura hominis fluxa et caduca depingitur, Opera omnia*, Migne, CCXII, 579.

ferencia por parte de una unidad trinitaria, reflexiva[7]. Esto quiere decir que lo que nos constituye seres reales es la interna relación entre una identidad propia y una diferencia (no ser lo otro) que procede de una relación originaria.

Werner Beierwaltes analiza el imperativo délfico *conócete a ti mismo* en relación con el concepto de *nous* o intelecto para indicar el camino del retorno reflexivo sobre sí mismo y su relación a aquello que se piensa a sí mismo. Advierte que el conocimiento de sí es un momento esencial del cumplimiento de lo que se es y, a la vez, relata la unión con aquello que está más allá o "antes" del pensar.

Conocerse y reconocerse en la mirada del pensar, en efecto, invita también a mirar más allá. Como cuando Nicolás de Cusa, en el siglo XV, al mirar el Icono de la abadía de Tegernsee, se sabe mirado por aquel que lo ve todo: "Verte no es otra cosa –escribió– que tú ves al que te ve". Para Werner Beierwaltes, esta conciencia del Absoluto trascendente proporciona la razón fundamental para el imperativo plotiniano que acompaña e inspira –asciende a Él. Elabora una doctrina de un yo superior e inferior, que Beierwaltes presenta como común al cristianismo y al platonismo. También forma un puente hacia uno de los temas clave de la filosofía moderna: la subjetividad.

En el siglo XIV, Juan Eckhart había investigado sobre la relación entre imagen original (*Urbild*) e imagen originada (*Abbild*), proponiendo la siguiente cuestión: ¿Dónde está realmente el ser de la imagen, en el espejo o en aquello de donde procede la imagen? La respuesta es clara: "La imagen está en aquello de lo que procede. La imagen está en mí, procede de mí y se dirige hacia mí mismo. Mientras el espejo presente mi imagen, mi imagen está ahí; si

---

7. E. Beierwaltes, *Identità e Differenza* (*Identität und Differenz*), tr. Salvatore Saini, Vita e Pensiero, Milán 1989, p. 26.

falta el espejo, la imagen se pierde"[8]. La disolución de la imagen viene dada por la pérdida o ausencia del espejo. No es que, propiamente, la imagen desaparezca cuando se pierden los contornos del espejo, sino que se evade cuando si falta el espejo de lo divino. La cuestión es: ¿recuperar o más bien dejar atrás la imagen el espejo? La respuesta a esta pregunta depende en gran parte de que consideremos –o no– la existencia de una identidad propia de aquello –nosotros o el mundo– que se refleja en el instrumento de mirada. Hans Blumenberg, en *La posibilidad de comprenderse*, ha señalado que "todos los hombres tienen una *sola* vida; pero no sabemos si esta incluye también *una* identidad", lo cual depende en gran parte de si existe una responsabilidad hacia el propio pasado[9]; desde estas consideraciones, ha desarrollado una teoría de lo inconcebible, a partir de la cual desarrolla su metaforología. Desde ella, considera que la esfera conceptual no es algo cerrado (o encerrado en la teoría), sino que se abre a la historia de la filosofía como historia de los significados provisionales y contingentes.

La filosofía es, tanto para Blumenberg como para Beierwaltes, la iniciación a lo indecible (*arreton*). Aunque para Beierwaltes esto no es de ninguna manera una negación de los diversos intentos de entender el ser como *logos, hen, idea, prosté, ousía* o *nous*.

Bien. Blumenberg, explica, por un lado, que se quiere recuperar la *theoria*; pero, por otro lado, esa *theoria* ha resultado ser, en sus consideraciones sobre el pensamiento occidental, la causa del extrañamiento del mundo real. Recuerda este autor cómo en el Diálogo *Teeteto*, Platón narra cómo la figura de Sócrates ya se

---

8. M. Eckhart, *Die deutschen und lateinischen Werke*, hg. Im Auftrage der Deutschen Forchungsgemeinschaft von J. Quint, Stuttgart 1956 y ss., p. 154 / 465.
9. H. Blumenberg, *La posibilidad de comprenderse*, tr. de C. González, Síntesis, Madrid 2002, p. 40.

había hecho insoportable para su entorno, y había sido castigado con la muerte. "Para Platón y su público –escribe– la teoría se presenta como un destino; como un destino que une el prototipo y la figura, devenida insuperable, del punto culminante del modo de entender el mundo que aquel inauguró. Visto desde Platón [...] el tema es entre mundos, entre conceptos de realidad, cuya incomprensión mutua puede asumir tanto la apariencia de ridiculez como el carácter efectivo de la muerte"[10]. La teoría produce un extrañamiento del ser humano respecto del mundo real.

En realidad, lo que Sócrates descubrió en su apartamiento de la filosofía natural era la esfera abstracta de la *conceptualización* de los asuntos humanos; pero también desde esa esfera –concluye H. Blumenberg– se perdía la realidad de lo próximo; por eso se convirtió asimismo en una trampa. Pues la teoría de la praxis no es menos teoría. Así, Sócrates habría diluido la identidad propia de las acciones humanas, al preguntar, no por ellas mismas, sino por su esencia. Lo cual invitó al joven Platón a idear un *cosmos noetós* alejado de las identidades particulares. El mundo entero se puso en cuestión.

Por mi parte, pienso que la idea adecuada de "teoría" o "vida teorética" se encuentra en los fragmentos titulados *Protépticos* atribuidos a Aristóteles.

En todo caso, ese cuestionamiento del mundo y del yo atraviesa gran parte del pensamiento occidental. Esto se explica bien de la mano de tres mitos que han marcado nuestra historia intelectual: Narciso –símbolo de la ruptura del yo–, Dionisos –cifra de la ruptura del mundo– y Prometeo –cifra de la ruptura de la relación Dios-mundo. Me centraré en el primero.

---

10. H. Blumenberg, *La risa de la muchacha tracia. Una protohistoria de la teoría*, tr. De T. Rocha y I. Reguera, Pre-Textos, Valencia 2000, p. 23.

Narciso

Según Andrés Ibáñez[11], el espejo de Narciso es el primer espejo verdaderamente fiel. Puede considerarse –como tradicionalmente se ha hecho– que a Narciso no le interesa ningún otro ser humano que no sea él mismo. Sólo le interesa su propio rostro y reflejo; y así entendemos la lógica de que se mire en el agua, quiera abrazarse, caiga y se ahogue. "Pero –escribe A. Ibáñez– hay otra posibilidad en el mito de Narciso. [...] El problema de Narciso no es que no sepa ver otra cosa más que a sí mismo, sino que al ver su reflejo se da cuenta de que él es otro [...] siente la otredad de sí mismo". "Esto es precisamente –continúa– lo que nos revelan los espejos. Si puedo ver mi propio rostro en la ácuea superficie, entonces eso que estoy viendo no puedo ser realmente 'yo'. ¿Cómo yo podría verme a mí mismo? ¿Cómo podría ver mis ojos, que son aquello con lo que veo? [...] Narciso, al mirarse en el estanque, se ve a sí mismo como mundo. Se da cuenta de que él no es esa interior sima oscura desde la que nos asomamos a la luz del mundo a través de las ventanas de nuestros ojos. Ve que él también es mundo, también es imagen (por eso se transforma en una flor)"[12].

Tal como lo narra Ovidio, es la ilusión lo que engaña a Narciso. El moralista en la fábula escribe: "Crédulo, ¿por qué intentas en vano capturar fugaces apariencias? Lo que buscas no existe en parte alguna; lo que amas, márchate y lo perderás. Esa sombra que miras es el reflejo de tu imagen. Nada es suyo; contigo viene y se queda; contigo se alejará, si puedes tú alejarte". Durante sus reflexiones, Narciso cae en la ilusión, lo cual genera su locura: "Me he dado cuenta. ¡Ese soy yo!". "Lo que anhelo está en mí", y entonces quisiera separarse de su propio cuerpo, ante lo que exclama:

---

11. Cf. A. Ibáñez, *A través del espejo*, Atlanta, Girona 2016, pp. 24-30.
12. A. Ibáñez, *A través del espejo*, pp. 25-26.

"Inaudito deseo en un amante, quisiera que lo que amo estuviera ausente".

Finalmente, narra Ovidio, "en su locura se vuelve al mismo rostro, y con sus lágrimas enturbia el agua, y al moverse las ondas se oscurece la forma reflejada. Al verla disiparse grita: '¿Adónde huyes?' Quédate, cruel, y no abandones al que te ama. Séame permitido mirar lo que tocar no puedo, y alimentar así mi desdichada locura'. [...] Cuando se vio en las aguas, transparentes de nuevo, no pudo soportarlo más [...]. Sus últimas palabras, al mirarse en las aguas habituales, fueron estas: '¡Ay, muchacho querido en vano!' [...] Y la muerte cerró aquellos ojos que admiraban la hermosura de su dueño". Se cuenta además que, una vez recibido en la morada infernal, todavía se miraba en el agua estigia.

El espejo, en Narciso, no es un testimonio neutro y equitativo; pues diluye el frágil muro entre el mundo interior y el mundo exterior. Nos muestra que el ser humano mantiene una relación conflictiva con su reflejo; de hecho, es vulnerable ante su mirada. Narciso muere porque no se puede alcanzar. La especularidad del pensamiento o el desdoblamiento de la conciencia intenta desesperadamente articular los contrarios suscitando una alteridad ficticia. Aparece un desdoblamiento del ser en un sujeto y en un objeto, donde el objeto es el doble del sujeto, conduce la duda hasta el corazón mismo de lo real. Acontece así la escisión del sujeto: el hombre y su reflejo cesan de ser solidarios.

El tema de Narciso se recogió muy bien en el *Roman de la Rose* del siglo XII[13], muy influyente en toda la Edad Media y el Renacimiento. Guillermo de Lorris, en el primer capítulo, narra el sueño que ha tenido. Paseando por campos y bosques, llegó a una fuente donde se leía: "Aquí murió el bello Narciso". Y explica, matizando

---

13. Guillaume de Lorris et Jean de Meun, *Le Roman de la Rose*, ed. De A. Mary, Folio classique, Gallimard, Paris 1984.

a Ovidio, la desesperación de Narciso al comprender que nunca tendría al ser amado, como castigo de los dioses. Asegura que se trata de un objeto peligroso, que lleva a la muerte, y en el que los más sabios quedan atrapados.

Estudios contemporáneos sobre el mito en Plotino, han concluido que éste denuncia todo tipo de "imagen" (I, 6, 8-9, 12); situando en la sombra del Hades al hombre que ha querido captar su (bella) imagen en las aguas, y es condenado a la ceguera espiritual.

II

El modo comprensivo de estar el hombre en el mundo. Agustín

Norte de África, ca. 410, Agustín de Hipona mira el horizonte, quiere volver a Roma. Pero debe terminar su obra inacabada, de donde surgirá *La Ciudad de Dios*, su penúltima invitación para salir de aquella ceguera intelectual y emprender un nuevo camino para la comprensión de la realidad histórica y de la realidad misma. Allí relata la finalidad extra-histórica del ser humano; no sin cierta analogía con el retorno al mundo ideal platónico.

Desde el comienzo de su filosofar –incluso antes de leer los textos platónicos o de su conversión al cristianismo– consideró que aquel mundo de las ideas debía de alguna manera estar presente en aquello a lo que se dirige nuestro conocimiento, esto es el propio mudo; no obstante, también consideró que la mente humana debía ser apta para desvelar aquello el hombre mismo vivía como realidad del mundo. La filosofía fue para Agustín el modo propiamente humano de estar en el mundo, nos enfrentamos con él a la posibilidad primordial del conocimiento humano. Convencido de la posibilidad de la búsqueda sin engaño y del conocimiento de lo real por parte del ser humano, su pregunta de fondo fue: ¿qué realidad radical –si es que la hay– vuelve al ser inteligible? Habrá que ver además las condiciones *ex parte subiecti*. Quien pretende entender el conocimiento como verdadero, habrá de vérselas con la persona humana y con el ser. En efecto, el problema del conocimiento tiene, por así decir, dos vertientes. Por un lado, mira a las cosas mismas en cuanto pensables. Es un problema de realidad. Y, por otro, a la mente en cuanto tal. Franz Brentano hubo de recordar, frente al idealismo de la época, esta evidencia que, en cierto modo, ya Parménides dejó establecida. Conocer no es mera imposición del sujeto para una realidad inerte y opaca. Como advierte el propio Agustín, en el conocimiento interviene tanto la mente pensante como lo real pensado. ¿Por qué es inteligible aquello mismo que conocemos y qué facultades tiene la mente humana para conocerlo?

Y es que el ser humano ha de comprender la realidad para "tener mundo" y "estar-en-el-mundo". El hombre está en el mundo de forma *comprensiva*: teniendo que entender y comprender desde inevitables cuestiones-límite, y debe hacerlo obligatoriamente recurriendo a su razón. Recordemos su propia lucha interior ante lo que se mostraba como ausente de toda explicación como lo fue la muerte de su mejor amigo relatada en el libro IV de sus *Confesiones*: "¡Con qué dolor se entenebreció mi corazón! Cuanto miraba era muerte para mí. La patria me era un suplicio, y la casa paterna un tormento insufrible, y cuanto había comunicado con él se me volvía sin él crudelísimo suplicio. Le buscaban por todas partes mis ojos y no aparecía. Y llegué a odiar todas las cosas, porque no le tenían ni podían decirme ya como antes, cuando venía después de una ausencia: 'He aquí que ya viene'. Me convertí para mí mismo en un gran problema y preguntaba a mi alma por qué estaba triste y me conturbaba tanto, y no sabía qué responderme. Y si yo le decía: 'Espera en Dios', ella no me hacía caso, y con razón; porque más real y mejor era aquel amigo queridísimo que yo había perdido que no aquel fantasma en que se le ordenaba que esperase. Sólo el llanto me era dulce y ocupaba el lugar de mi amigo en las delicias de mi corazón". Esta temprana vivencia es un ejemplo entre otros muchos de esa búsqueda de la compresibilidad de los acontecimientos y, por ende, del mundo mismo y de sí mismo. "me convertí para mí mismo en un gran problema": la cuestión del sí mismo ya no dejará a Agustín hasta sus últimos años.

Fue ya unos años antes de su muerte que, estando en Hipona y Roma era devastada por los vándalos que recordó que *La música en el duelo está fuera de tiempo*, con estas palabras, en efecto, terminaba un párrafo de Jerónimo (*In Ez*, 25, 12) tras describir las atrocidades sufridas en Roma, cuando el día 24 de agosto del año 410 entraron en la ciudad del Imperio, por la puerta salaria, las tropas de Alarico, saqueándola "a hierro y fuego". Jerónimo describió su afectación ante las barbaridades ocurridas; cayó en un gran abatimiento, "pendiente entre la esperanza y la desesperación, padecía el martirio de las desgracias ajenas. Pero cuando la más brillante antorcha de la tierra se apagó; cuando el Imperio romano fue herido en su misma capital; cuando, para hablar más exactamente, la tierra entera recibió un golpe mortal con esta sola ciudad, yo quedé mudo; quedé totalmente anonadado y me faltaban las palabras buenas".

El entonces obispo africano de Hipona pronunció –durante el verano del año 411– un Sermón sobre la caída de Roma. No hay ninguna duda: san Agustín lloró amargamente. En aquel momento, la romanidad era un título de libertad, significaba el orden y el guardián de la civilización mundial de entonces.

En ese contexto, Agustín ratificó por escrito sus pensamientos sobre la comprensibilidad del mundo, de los sucesos y, sobre todo, de la dignidad del hombre. Aquí es donde podemos recordar uno de sus primeros escritos, en los que define la inteligibilidad a través de la noción platónica de idea, pero dándole ya el sentido que adquirirá en la filosofía latina posterior.

Desde la premisa de que "Nada hay en el hombre más sublime que la razón", *ratione sublimius*[1], la "segunda navegación" comenzó para el hiponense después del retiro en Casicíaco, durante el que escribió los diálogos que sin duda marcarían el rumbo de su pensamiento. Muestran estos la primera apertura de la razón en el paso del mundo antiguo al pensar medieval, y ello bajo una pregunta que preanuncia el despertar heideggeriano: *Was heisst Denken, Qué significa pensar*. El conocimiento es el problema vigente.

Para san Agustín la realidad no es opaca, sino traslúcida: posee unos principios internos, merced a los cuales es cognoscible. Inicia así la concepción realista del conocimiento en la Edad Media, bajo los dos supuestos básicos:

1) Al conocer superamos el dominio meramente subjetivo de nuestras afecciones y alcanzamos las cosas reales, el mundo tal como es en sí.

2) Nuestro conocimiento viene regido y determinado por esa misma realidad, es decir, por sus propias razones de inteligibilidad intrínseca, que la hacen portadora y partícipe de un mundo inteligible y superior.

Agustín conecta así con los primeros filósofos, los cuales contemplaron el escenario de la naturaleza como un todo traslúcido, la naturaleza es portadora de *lógos*: la racionalidad impregna el ser. Cuando a su vez el Sócrates platónico declaró la existencia de una realidad inteligible en sí misma, marcó el destino de buena parte de la filosofía de Occidente. Agustín se mueve en esta atmósfera intelectual.

---

1. *De libero arbitrio*, II, 6, 13.

a. Superación del dominio subjetivo

Agustín aborda el problema de la imagen en función de las ideas-prototipos. La clave está en Platón y en su concepto de *realidad inteligible*. Platón, además, proclama y establece el parentesco del alma con las Ideas. La idea será el modelo creador desde el cual podrá fundarse la inteligibilidad del mundo. No se trata aquí de separación de mundos, sino que lo creado mismo expresa un origen ejemplar, un modelo.

El estrecho diálogo del hiponense con Plotino y con Platón ratificó la presencia del platonismo al final de la edad antigua, prolongado por su indiscutida vigencia medieval. Desde Agustín, podemos sostener, entre otras muchas cosas, que el medievo es la historia continua de un diálogo de racionalidad del que nunca está ausente Platón, aunque el neoplatonismo oficie de vicario.

La propuesta agustiniana es entonces la siguiente: la realidad es en sí y de suyo inteligible porque hay ideas. La apropiación del mundo ideal platónico representa la base primera de la sicología agustiniana y de todo el medievo. El pensamiento, en efecto, del medievo latino ha de ser entendido básicamente como *ciclo platónico*. Y si el hiponense es el gran clásico del medievo, lo es precisamente por este supuesto ejemplarista que fundamenta todo el edificio de esa edad. Eso mismo lo constituye en fundador del pensamiento medieval. El diálogo continuo de Agustín con Platón se prolonga así en el diálogo continuo del medievo con Agustín: Agustín confirmó la idea de un *Plato christianus*.

Es interesante observar cuánto del pensamiento medieval se refiere a la presencia de Dios en el universo. Ciertamente, este es el caso tanto en las obras tempranas como en las posteriores de Agustín. Como filósofo de la tradición platónica y neoplatónica, Agustín ve el orden de las cosas en el universo como signos o expresiones del pensamiento y de la realidad de Dios. El mundo creado es, por lo tanto, un orden significativo, porque participa de lo divino-inteligible. El centro del diálogo platónico se cifra, para Agustín, en la afirmación de lo inteligible. Lo inteligible da cuenta última del mundo finito y móvil, por recurso a un referente estable y permanente, como un norte, sin el cual quedaría inexplicado. Este recurso no es otro que la idea.

b. *Quaestio De ideis*

El tema que acaba de describirse se encuentra de modo paradigmático en la cuestión cuarenta y cinco del libro *Acerca de las 83 cuestiones diversas*, y que lleva por título: *De las ideas*. En ella, Agustín no parte directamente de Platón, sino que se remonta a "la sabiduría anterior" con el convencimiento de que para comprender en su radicalidad el pensamiento humano debe decirse que este no puede ejercer su ministerio si no existe este elemento que es precisamente el que permite y es anterior a toda suerte de conocimiento. Leamos la cuestión.

1. El nombre. "Se dice que fue Platón el primero que empleó este nombre de Ideas. No que antes de que él lo inventase, y cuando este nombre no existía, tampoco existían las mismas realidades que él llamó ideas, ni eran conocidas por ninguno, sino tan sólo nombradas por unos con un nombre y por otros con otro. Porque se puede poner un nombre cualquiera a cualquier cosa desconocida que no tenga un nombre usual. En efecto, es inverosímil o que no haya habido filósofos antes de Platón, o que esas que Platón llama ideas, sean las realidades que sean, como he dicho, no las hayan entendido. Puesto que tanta fuerza se encierra en ellas que, si no han sido entendidas, nadie puede ser filósofo. También es de creer que fuera de Grecia han existido filósofos en otros pueblos. Lo cual hasta el mismo Platón lo ha afirmado, no sólo viajando para perfeccionar su sabiduría, sino que también lo recuerda en sus escritos. No se puede pensar que éstos, si existieron algunos, desconocieran las ideas, aunque ellos las hayan llamado quizá con otro nombre. Pero ya he dicho bastante sobre el nombre.

Veamos la realidad, porque vale la pena para estudiarla cuidadosamente y conocerla, dejando en libertad las palabras para que cada cual llame como quiera a esa realidad que haya conocido. Nosotros podemos llamar a las ideas en latín formas o especies, para que se vea que traducimos una palabra por otra. Y si las llamamos razones nos apartamos de su etimología rigurosa, porque razones en griego se dice *logoi*, no ideas. Con todo, quien quiera usar este vocablo no desnaturaliza por ello la misma realidad. Por supuesto que las ideas son las formas principales o las razones estables e inmutables de las cosas, las cuales no han sido formadas, y por ello son eternas y permanentes en su mismo ser, que están contenidas en la inteligencia divina, y como ellas ni nacen ni mueren, decimos que según ellas es formado todo lo que puede nacer y morir, y todo lo que nace y muere.

2. Conocimiento de las Ideas. En cuanto al alma, hay que negar que pueda contemplar las ideas, a no ser el alma racional, por esa parte de su ser por la que sobresale, es decir, por la misma mente y razón, que es como su rostro, o su ojo interior e inteligible. Además, no toda y cualquier alma, asimismo racional, sino la que fuere santa y pura, ésa se afirma que es idónea para tal visión, es decir, la que tuviere aquel mismo ojo con el que se ven estas cosas, sano, sincero y sereno, semejante a esas realidades que pretende ver.

Pues ¿qué hombre religioso y formado en la verdadera religión, aunque todavía no pueda contemplar esas cosas, va a atreverse a negar, más aún, no va a confesar que todas las cosas que existen, es decir, todo lo que se contiene en su género por su propia naturaleza específica para que existan, han sido procreadas por Dios creador, y que todas las cosas que viven, viven siendo El su autor, y que la conservación universal de las realidades, y el mismo orden por el cual las cosas que cambian ejecutan sus ciclos periódicos con un gobierno seguro, todas están guardadas y gobernadas por las leyes del Dios soberano? Asegurado y admitido todo esto, ¿quién va a atreverse a afirmar que Dios creó irracionalmente todas las cosas? Si eso no puede decirse y creerse con razón, queda que todas las cosas han sido creadas con la razón. No con la misma razón de ser el hombre que el caballo, porque es absurdo pensar tal cosa. Ya que cada cosa ha sido creada con sus propias razones. Y ¿dónde hay que pensar que existen esas razones sino en la mente misma del Creador? En efecto, El no contempla cosa alguna fuera de Sí para que lo que iba creando lo crease según aquello. Pensar tal cosa es sacrílego. Y si esas razones de todas las realidades creadas y por crear están contenidas en la mente divina, y en la mente divina no puede existir cosa alguna si no es eterno e inmutable, y a esas razones principales de las realidades Platón las llama Ideas, es que no solamente existen las ideas, sino que ellas mismas son verdaderas, porque son eternas, y permanecen en su ser, e inconmutables, por cuya participación resulta que existe todo lo que existe, de cualquier modo que exista.

Pero en cuanto al alma racional, supera a todas las cosas entre esas realidades que han sido creadas por Dios. Está próxima a Dios cuando es pura, y en la medida en que se hubiese unido a Él por la caridad, en esa medida ella contempla inundada e iluminada por Él con aquella Luz inteligible, no por medio de ojos corporales, sino por la luz principal de su propio ser con la cual sobresale, es decir, por medio de su inteligencia, esas razones por cuya visión se hace felicísima. A esas razones, como he dicho, se las puede llamar ideas, formas, especies, razones, y a muchos se les permite llamarlas lo que quieran, pero solamente a muy pocos ver lo que es verdadero".

Idea, forma especie, razón, término todos que hacen referencia a la estabilidad explicativa de la naturaleza: "las ideas son las formas principales o las razones estables e inmutables de las cosas, las cuales no han sido formadas". "Razones estables", esto es, aquello que "está ahí" para que su descubrimiento permita acceder a un mundo habitable –esto es, no desestabilizante– pues proviene de una razones o ideas de las que recibe su consistencia.

Están contenidas en la inteligencia divina, y como ellas ni nacen ni mueren, decimos que según ellas es formado todo lo que puede nacer y morir, y todo lo que nace y muere". Este pasaje muestra de modo paradigmático el nuevo uso de la idea que hace Agustín y, con él, todo el pensamiento medieval posterior. El mundo ideal es ahora sustituido definitivamente por la inteligencia divina y, según ella, se forma todo cuanto es.

En cuanto a su conocimiento, ocurre como había advertido Platón; el hombre que quiera conocerlas debe realizar una suerte de ascenso dialéctico según el cual –en este caso– puede alcanzar la cima del intelecto, que no es sino la contemplación de la divina luminosidad, en cuanto que esa inteligencia divina es definida como luz.

Las ideas divinas han de pasar a ser el modelo para lo que en el mundo reconocemos como imagen, pues "según ellas es formado todo lo que puede nacer y morir, y todo lo que nace y muere". Pero no todas las cosas han sido formadas según la misma razón; por este motivo, la persona humana pasa a tener un lugar especial respecto de las otras criaturas: "Pero en cuanto al alma racional, supera a todas las cosas entre esas realidades que han sido creadas por Dios. Está próxima a Dios cuando es pura, y en la medida en que se hubiese unido a Él por la caridad, en esa medida ella contempla inundada e iluminada por Él con aquella Luz inteligible,

no por medio de ojos corporales, sino por la luz principal de su
propio ser con la cual sobresale, es decir, por medio de su inteligencia, esas razones por cuya visión se hace felicísima". De este
modo es como las nociones de idea y de imagen pasan a ser puerto
de contemplación.

c. La imagen del Dios invisible

A su vez, la cuestión setenta y cuatro de la misma obra está
dedicada enteramente a la cuestión de la imagen, teniendo como
título: *Pasaje de la epístola de San Pablo a los Colosenses: "en quien
tenemos la redención y el perdón de los pecados, el cual es la imagen
de Dios invisible".*
En este texto la clave para comprender la noción de imagen
reside en la relación de dependencia y de filiación. En metafísica,
no puede darse la imagen sin que esta diga relación a un origen.
En esta relación se puede decir que la imagen representa a aquello de lo cual procede. El término representación puede referirse
perfectamente a la noción de imagen en su significado originario
de "hacer presenta la cosa" —*rem-praesentare*. Y la expresividad que
conlleva implica siempre aquella relación al origen. En esto la imagen se distingue de otras expresiones como mera copia o reflejo
pasajero.
En este contexto especulativo, Agustín ha dado a la imagen
un estatuto propio que todavía no tenía en el platonismo antiguo,
principalmente por su referencia a la creación. La cuestión setenta
y cuatro expone su concepción al establecer las relaciones semán-
ticas entre imagen, semejanza e igualdad. Leamos el texto de la
cuestión.
"Es necesario distinguir imagen, igualdad, semejanza. Porque
donde se da la imagen, a continuación, se da la semejanza, y no ne-

cesariamente la igualdad; donde se da la igualdad, al punto se da la semejanza, y no necesariamente la imagen; donde se da la semejanza, ni al punto se da la imagen, ni necesariamente la igualdad. Donde se da la imagen, al punto se da la semejanza, y no necesariamente la igualdad. Por ejemplo, en el espejo se da la imagen del hombre, porque está sacada de él; y se da también necesariamente la semejanza; sin embargo, no se da la igualdad, puesto que a la imagen le faltan muchas cosas que con todo se dan en aquella realidad de donde está sacada. Donde se da la igualdad, necesariamente se da la semejanza, y no necesariamente la imagen. Por ejemplo, en dos huevos idénticos, porque se da la igualdad y se da también la semejanza; en efecto, todo lo que se da en el uno, se da también en el otro; con todo, no se da la imagen, porque ninguno de los dos es sacado del otro. Donde se da la semejanza, no necesariamente se da la imagen, ni necesariamente la igualdad. Lo cierto es que todo huevo, en cuanto que es huevo, es semejante a todo huevo; pero el huevo de perdiz, aunque, en cuanto que es huevo, es semejante al huevo de gallina, ni es su imagen, porque no es sacado de él; ni es igual, porque es más pequeño y de otra especie de animales.

Pero cuando se dice *no necesariamente,* se da a entender que puede darse alguna vez. Luego puede haber alguna imagen en la que se dé también la igualdad, como entre padres e hijos se daría la imagen, la igualdad y la semejanza, de no mediar la diferencia del tiempo; porque, de una parte, la semejanza del hijo está sacada del padre, para que se la pueda llamar con razón su imagen, y, por otra parte, la semejanza puede ser tan grande que con razón se la pueda llamar también igualdad, a no ser porque el padre en el tiempo es anterior. De lo cual se comprende que a veces la igualdad tiene no solamente la semejanza, sino también la imagen, lo cual es evidente en el ejemplo anterior. También puede darse a veces la semejanza y la igualdad, aunque no se dé la imagen, como lo he dicho a propósito de los dos huevos iguales. Asimismo, puede darse la semejanza y la imagen, aunque no se dé la igualdad, como he demostrado en el espejo. Incluso puede darse la semejanza en donde se dé también la igualdad y la imagen, como he recordado a propósito de los hijos, exceptuado el tiempo por el que los padres son anteriores. Así también decimos que una sílaba es igual a otra sílaba, aunque la una preceda y la otra siga. En cambio, en Dios, porque falta la condición de tiempo –por cierto, que no puede suponerse correctamente que Dios engendró en el tiempo al Hijo por quien ha creado los tiempos–, es lógico que sea no solamente su imagen, porque es de Él, y la semejanza –porque es la imagen– sino también la igualdad, tanta que ni siquiera se da el más mínimo intervalo de tiempo".

Los términos latinos, *imago* y *similitudo* –la teología griega empleaba *eikon* y *omóiosis*– connotan imitación y participación; y esto es así por la presencia interior del origen, y esto tiene también un sentido moral. Es interesante observar cuánto del pensamiento medieval se refiere a la presencia de Dios en el universo. Ciertamente, este es el caso tanto en las obras tempranas como en las posteriores de Agustín. Como filósofo de la tradición platónica y neoplatónica, Agustín ve el orden de las cosas en el universo como signos o expresiones del pensamiento y la realidad de Dios.

Para nuestro tema, resulta muy interesante apreciar que Agustín da un doble significado –o hace un doble uso– a la imagen. En efecto, por una parte, la imagen es algo que tiende a imitar al modelo, como podría representarse una pintura en un cuadro o la estatua de Sócrates respecto del Sócrates real. Este tipo de imagen puede tener una consistencia en sí misma en cuanto tal, pero nunca será igual a su origen. Este es el mismo caso del término imagen atribuido al ser humano, según Génesis, I, 26. La persona, en este caso, recibe la imagen de Dios, pero en ningún caso es idéntica al Él; en ella la imagen es a la vez ser, don y tarea. De ahí la dinamicidad de la imagen según el planteamiento agustiniano y que ha de influir en la posteridad.

Sin embargo, al admitir la posibilidad de la igualdad o identidad en la imagen respecto de aquello de lo que procede, sin duda no se está refiriendo al hombre sino al propio Verbo divino: "En cambio, en Dios, es lógico que sea no solamente su imagen, sino también la igualdad, tanta que ni siquiera se da el más mínimo intervalo de tiempo". Pero, en todo caso, la imagen no pierde su carácter de relación al origen y, como en Platón, de filiación.

La imagen viene dada por la naturaleza racional, la semejanza constituye la perfección de la esencia y esa perfección se adquiere por medio de la asimilación al modelo. En las expresiones *ad imaginem* y *ad similitudinem* se destaca la importancia de la preposición y se indica una dirección y una intencionalidad. *Similitudo ad Deum est ipsum imitare*, escribió Hugo de san Víctor en su comentario a la *Jerarquía Celeste*. Podemos decir así que la imagen es *impresa* en el ser humano y que ella misma *expresa* al ejemplar. Cuando Pablo dice que el hombre y la mujer son imagen y gloria de Dios (I *Cor.*, XI, 7) nos señala que la imagen, plenamente manifestativa, no es tanto ardiente tensión hacia el modelo, cuanto el término de una creación.

La *imago* haría referencia a la causalidad y *ad imaginem* se referiría a la finalidad. Sin embargo, respecto de Dios, hay una desemejanza por trascendencia, ya que no puede haber reciprocidad entre la causa y el efecto, aunque implique, respecto del efecto, una cierta semejanza, porque el propio creador es, él mismo, semejanza.

En *De Genesi ad litteram imperfectus liber* leemos: "*Y dijo Dios: hagamos al hombre a nuestra imagen y semejanza*. Toda imagen es semejante a aquello de quien es imagen, pero, sin embargo, no todo lo que es semejante a algo, también es imagen de ello. Esto se aprecia en el espejo y en la pintura; lo representado en ellos son imágenes, y por lo mismo, semejantes; mas si no nace lo uno de lo otro, ninguno de los dos puede decirse que sea imagen del otro; hay, pues, imagen cuando hay expresión de algo. ¿Por qué, pues, cuando se dijo *a imagen* se añadió y *a semejanza,* como si pudiera existir una imagen desemejante? Bastaría decir 'a imagen'. ¿O es que una cosa es semejante y otra semejanza, como una cosa es casto y otra la castidad, una fuerte y otra distinta la fortaleza, de tal modo que todos los que son fuertes lo son por la fortaleza y todos los que son castos lo son por la castidad, y así todos los que son semejantes lo son por la semejanza? Al igual que donde está la castidad, por ella son castas todas las cosas que son castas, allí donde está la semejanza, por ella son semejantes todas las cosas que son semejantes; por eso no se dice con toda propiedad que nuestra imagen es nuestra semejanza; sin embargo, se dice con toda exactitud que es semejante a nosotros. La castidad, pues, es casta sin participación de nadie, mas por la participación de ella son castas las cosas que son castas; lo mismo sucede con Dios, en quien se halla la misma Sabiduría, la cual, sin participación de nada ni de nadie, es Sabia, pero con cuya participación es sabia toda alma que lo es. Por lo cual también la semejanza de Dios (el Hijo) por quien fueron hechas todas las cosas, se llama con propiedad semejanza, porque es semejante no por participación de alguna otra semejanza, sino que ella es la primera semejanza, por cuya participación son semejantes todas las cosas que por ella hizo Dios.

Luego tal vez la exposición sea que lo añadido, *a semejanza,* después de haber dicho *a imagen,* se agregó para demostrar que aquella que se llamó imagen no es de tal modo semejante a Dios, como si participara de alguna otra semejanza, sino que ella misma es la semejanza, de la que participan todas las cosas que se dicen ser semejantes; como ella misma es la castidad, por cuya participación son castas las almas; y la sabiduría, por cuya participación son sabias las almas; y la hermosura, por cuya participación son hermosas todas las cosas que lo son. Si, pues, únicamente nombrara la semejanza no indicaría que fue por Él engendrada; y si tan sólo hiciera mención de la imagen, daría a conocer ciertamente que por Él fue engendrada, pero no manifestaría que de tal modo era semejante, que no sólo lo era, sino que ella era la misma semejanza. Así como nada hay más casto que la misma castidad, y nada más sabio que la misma sabiduría, y nada más hermoso que la misma hermosura, así también nada en absoluto puede decirse o pensarse o existir más semejante que la misma semejanza; por donde se entiende que de tal modo es semejante al Padre su Semejanza, que llena plena y perfectísimamente su naturaleza".

Según el texto, la primera similitud, que es la Imagen, es una primera igualdad sin desemejanza; todo responde en ella al ser del que es Imagen. El Dios de Agustín no conoce la soledad, no es el Uno y, antes de conocer la diversidad, conoce, propiamente, la semejanza.

Por su parte, el alma humana es expresiva de Dios y también camino intelectual hacia Dios. Conocerse a sí mismo como imagen es tender hacia el modelo, un modelo que, a su vez, tiende a expresarse en la imagen. "Conocerme es conocerte" y viceversa. El alma aparece como camino para el conocimiento de la misma Trinidad.

Si en Dios la Imagen es absolutamente semejante a su modelo, no ocurre lo mismo para las imágenes de Dios que somos nosotros por medio del alma. La diferencia es clave, como cuando se dice que la semejanza de un rey con su hijo es comparada con la imagen del anillo de este rey impresa en la cera. La criatura humana posee relación filial –o, como diría también Platón, de parentesco. Entonces, la semejanza sigue a la imagen y a la igualdad: donde hay imagen, hay semejanza, pero no a la inversa. Como vimos en el primer texto, la imagen no comporta la igualdad y la igualdad no comporta la imagen. Puede encontrarse una imagen sin igualdad y una igualdad sin imagen.

La imagen, además —como venimos viendo— exige filiación más que una rígida relación causal ordinaria, la cual podría ser solamente exterior, como en la escultura o la pintura representativas. Una relación de igualdad podría existir entre individualidades aisladas, independientes. Pero una imagen comporta relación de origen. Entendemos por ello que el vocablo Verbo sea asimilado a una *concepción*. Veremos esto en el capítulo dedicado a Tomás de Aquino.

En resumen: El Hijo es Imagen por ser consustancial; y el hombre es "a imagen" por ser creado *ex nihilo*. Pero en ambos casos la imagen es filial. Se trata de una afirmación sobre la radicalidad de la persona humana frente al resto del universo; pues ella, en su constitución dinámica por la imagen, debe ir más allá de sí misma y llegar a ser, de alguna manera, lo que no es. Pero esto no se realiza sino por el conocimiento, siempre en plena conciencia de sí, ya que guarda dentro de sí una suerte de memoria de su origen. Como en Platón, aquí el sabio es aquel que es consciente de su origen.

d. *Memoria Dei*

Lo inmediatamente dicho, guarda intrínseca relación con el concepto agustiniano de *memoria Dei*. La filosofía en sus orígenes buscaba la vida dichosa, pero San Agustín sostiene que sin conocer la verdad no es posible ser feliz. El filósofo, al buscar la verdad —como él lo hizo— encuentra a Dios, se encuentra a sí mismo y, en consecuencia, alcanza la vida dichosa. El hombre, en la filosofía agustiniana, está hecho para la verdad y para darse a la verdad definitiva que conoce. El platonismo fue su guía para ingresar al mundo inteligible y desde ahí vislumbrar esta verdad, pero el cristianismo le descubrirá las ignoradas dimensiones de su naturaleza. El tratamiento que Agustín realiza de la verdad rebasa el aspecto meramente teórico, pues, para él, todo compromiso con la verdad se resuelve al mismo tiempo, como exigencia intelectual, ética y espiritual. Agustín no sólo ha defendido la posibilidad de todo hombre de conocer la verdad, sino que también ha puesto de manifiesto la inquietud humana que lanza a su búsqueda, las capacidades de la razón para elevarse hacia ella y la existencia de una realidad inteligible que subsiste por esta misma verdad.

El tratamiento de cada una de las nociones cognoscitivas se aborda según el orden en que Agustín presenta su "ascensión a la verdad" o "retorno del alma", a saber: *mundo sensible, sentido interior, imaginación, memoria, razón e inteligencia*. Hay un mundo real y si alguna vez nos equivocamos en nuestras apreciaciones no son los sentidos los que se engañan, sino que es el juicio de la mente el que se adelanta a los hechos que los sentidos perciben. A los sentidos les está vedada la *sinceritas veritatis*. El sentido íntimo realiza la diferenciación de las captaciones que se nos vienen por los sentidos corporales. La imaginación puede ser orgánica, si se refiere a los fantasmas o imágenes de los cuerpos; objetos incondicionales, productos del hombre o del *logos* participado por el hombre; inmaterial, en cuanto composición de fantasmas para una forma mental. La memoria sensible está integrada por los recuerdos de cosas exteriores a nosotros: su rasgo es el pasado, pero la memoria intelectiva, en cambio, aglutina los recuerdos de la actividad psíquica; es la reflexión, el presente y la distensión del alma. La razón inferior abarca las cualidades de las cosas físicas o contenido físico de las cosas; es lo que llamamos ciencia. La razón superior es el conjunto de leyes supremas de constitución y existencia de las cosas, el contenido metafísico de las mismas o sabiduría. La razón es la facultad del alma por la que intuimos la verdad, o moción del alma que discierne y ordena lo que aprehende. La inteligencia humana es razón porque puede entender; y es entendimiento cuando se eleva al conocimiento de las verdades de la sabiduría. La verdad es lo que es más superior a todo lo corporal, a lo sensible y al espíritu mismo; no está sujeta a cambios; la verdad *es*, simplemente. Es una e inmutable, se da a todas las inteligencias que de veras la buscan. La inteligencia recibe el nombre de *razón inferior* cuando, fijándose en las cualidades de las cosas, encuentra la verdad; y si indaga las leyes supremas de su existencia y consistencia, *razón superior*. Propio de la razón superior es juzgar de las cosas materiales según las razones incorpóreas y eternas. Pero no son dos facultades sino una sola facultad con dos funciones cuya última meta es ascender hacia la inmutable verdad.

Agustín, además, plantea la cuestión de la interioridad y de la trascendencia de la verdad, realidades que confluyen frecuentemente en el pensamiento agustiniano y que tantas dificultades presentan a los diversos estudiosos del tema. Como conceptos subyacentes se encuentran la *memoria sui* y la *memoria Dei*. Resulta revelador el pasaje del *De Trinitate*, libro IX, capítulo XI, 16:

La imagen en un alma que se conoce

"Mas toda noticia es, según la especie, semejante al objeto que se conoce. Existe, además, una noticia, según la privación, que expresamos al desaprobar una cosa. Y esta repulsa de la privación es un elogio de la idea, y por eso se alaba. Tiene el alma una cierta semejanza con la especie conocida, ora le agrade, ora le ofenda su privación.

Por lo cual, en cuanto conocernos a Dios, nos hacemos a Él semejantes, pero no con semejanza de igualdad, porque no le conocemos como es en sí. Y cuando mediante un verbo como sensible conocemos los objetos corpóreos, se forma en nuestra alma una cierta semejanza de estos cuerpos, que es imagen de la memoria; pero no entran dentro de nosotros los cuerpos cuando en ellos pensamos, sino sus imágenes. Es, por consiguiente, un error tomar el objeto por la imagen, pues error es aprobar una cosa por otra; con todo, la imagen de un cuerpo cualquiera en el alma es mejor que la especie corpórea, en cuanto existe en tina naturaleza ms noble, por existir en una existencia vital, que es el alma. Así, cuando conocemos a Dios nos hacemos mejores que éramos antes de conocerlo, sobre todo cuando el objeto placentero y amado se hace palabra y la noticia se hace cierta semejanza con Dios. No obstante, es inferior, pues su naturaleza es más vil; el alma siempre es criatura, y Dios Creador.

De aquí se deduce que, cuando el alma se conoce y aprueba su ciencia, entonces su noticia es su verbo, y es en absoluto igual e idéntico a ella; porque la noticia no es de esencia inferior, como el cuerpo, ni de esencia más noble, como Dios. Y, pues toda noticia ofrece cierta semejanza con el objeto de quien ella es noticia, ésta es perfecta e igual a la mente que conoce y es conocida. En consecuencia, es imagen y es verbo, pues es su expresión cuando se iguala a ella por el conocimiento, y lo engendrado es igual al que engendra".

Puede recordarse que Agustín distingue dos clases de memoria: una memoria *sensible* y otra memoria *metafísica*. Dios, el bien y la verdad se conocen en la memoria metafísica. Por eso el alma puede "reconocerlos". No hay que olvidar un principio fundamental: el conocimiento expreso de Dios presupone la noción impresa del mismo. El espíritu siempre se conoce a sí mismo; es decir, cuando el espíritu se conoce reflejamente, descubre, no lo ignorado, sino lo desatendido. Tenemos dos conocimientos del espíritu por sí mismo: *nosse se* y *cogitare se*. El espíritu no siempre se piensa (*cogitat*) pero siempre se conoce (*novit*). En general, la *cogitatio* es un pensamiento *informado* por la forma presente en la memoria.

La *notitia* es la mera presencia de la forma en la memoria. El espíritu, cuando no se piensa (*cogitat*), está presente a sí mismo y, por tanto, se conoce (*novit*).

Una serie de hechos certifican la existencia de la *memoria Dei*: el apetito y conocimiento de la verdad-felicidad-unidad; no sólo percibimos lo que las cosas *son*, sino lo que deben *ser*. Mediante la *memoria Dei*, la verdad preside todos los juicios y a su luz se verifica la evidencia de las verdades concretas. El objeto de la *memoria Dei* es Dios en cuanto que Dios es la felicidad-verdad-unidad que el hombre anhela y conoce. Tenemos ante todo las primeras nociones elementales que son la luz de toda vida racional (ser, unidad, sabiduría, proporción, belleza, etc..). Estos "valores" no han entrado por ninguno de los sentidos. Son objeto de la *memoria Dei* los "primeros principios eternos", que se forman con las nociones elementales impresas. Son objeto de la *memoria Dei* y no del entendimiento mientras no reciban expresión intelectual.

En la *memoria Dei* se habla además de una *impresión*. Dios imprime en las almas los números de la sabiduría. Imprimir es dotar del sentido a las primeras nociones y principios con los cuales el hombre nace. Todos los hombres siempre y en todas partes, poseen ese sentido; están en contacto habitual con el mundo inteligible, aparte de la experiencia. Esta *impresión* es iluminación en cuanto es formación inicial de la mente. Esta *memoria* recibe de Dios la indefectible presencia de su objeto y se aplica a la vida con absoluta certidumbre y eficacia; en cambio la razón "juzga" todo lo exterior, semejante y propio, a la luz de los primeros principios y nociones, y a eso llama Agustín "juzgar a la luz de Dios".

En la autotrascendencia, las facultades se ejercen en el dominio de la sabiduría y en este proceso se encuentra, según Agustín, la auténtica imagen de Dios en el alma, esto es, a través de la memoria, la inteligencia y el amor. El alma se conoce como imagen a través de las propias facultades conocidas de modo trinitario:

el alma se recuerda, se conoce y se ama como imagen de Dios Trino. Este tipo de conocimiento es el que hace sabio al hombre. La vida contemplativa es el acto por excelencia de la sabiduría, es el fruto de la imagen viva que habita en el alma y la imagen es tanto más clara cuanto más se asemeja a lo divino y, desde esta asimilación, nace el amor divino.

La interioridad ciertamente es un tema subyacente en la tradición neoplatónica. Desde Plotino, se le ha atribuido un papel absolutamente central en el camino que el hombre debe seguir para alcanzar la meta última de su existencia. Pues, según la visión neoplatónica, los principios divinos de la realidad no existen solo en sí mismos, separados o trascendentes del universo entero, sino que están al mismo tiempo y activamente presentes en nosotros, posibilitando el ejercicio de nuestras actividades cognitivas. Hay no obstante una profunda transformación de este tema central de la tradición neoplatónica por parte de la teología griega y latina desde el siglo IV. Esta supo colocar en el centro de su reflexión la cuestión auténticamente cristiana de la insuficiencia del hombre ante sí mismo, y supo hacerlo con una radicalidad e intensidad desconocidas para la cultura filosófica precedente, dotando así a su teología espiritual de la fuerza y el atractivo que siguió ejerciendo en la tradición posterior. Algo de esto puede verse en el capítulo XII del mencionado libro IX del *De Trinitate*:

Por qué la noticia del alma es su prole y no es su parto el amor. Solución de problema. La mente, su noticia y su amor, imagen de la Trinidad

17. "¿Qué es el amor? ¿Será imagen? ¿Palabra? ¿Engendrado? ¿Por qué la mente engendra su noticia cuando se conoce y no engendra su amor cuando se ama? Porque si es causa de su noción en cuanto escible, será también causa de su amor, porque es amable.

Difícil es decir por qué no engendra el alma ambas cosas. Y esta misma cuestión surge al tratar de la Trinidad excelsa, Dios omnipotente y Creador, a cuya imagen fue el hombre formado, y sude inquietar a los hombres, a quienes la verdad do Dios invita a la fe en lenguaje humano. ¿Por qué al Espíritu Santo ni se le cree, ni se le dice engendrado por Dios Padre, ni se le llama hijo suyo? Es lo que, de alguna manera, nos esforzamos por estudiar ahora en la mente humana, y para ello interroguemos, con el fin de obtener respuesta cumplida, a esta imagen inferior y más familiar que es nuestra misma naturaleza, dirigiendo luego la mirada de nuestra mente, ya más entrenada, de la criatura iluminada a la luz inconmutable; con todo, la misma verdad nos persuadirá que el Espíritu Santo es amor, y el Verbo, Hijo de Dios, verdad que ningún cristiano pone en duda.

Volvamos, pues, a esta imagen criada, esto es, a la mente racional, e interroguémosle con diligencia sobre esta cuestión, pues en ella temporalmente existe un conocimiento de ciertas cosas que antes no existía y un amor a cosas que antes no se amaban, y este conocimiento nos indica más claramente qué es lo que tenemos que decir, pues siempre es más hacedero explicar una realidad encuadrada dentro del orden de los siglos en un lenguaje temporal y humano

18. Es en principio manifiesto que puede darse algo cognoscible, es decir, que se puede conocer, y, sin embargo, se ignora; pero no se puede en modo alguno conocer lo incognoscible. Es, pues, evidente que todo objeto conocido coengendra en nosotros su noticia. Ambos, cognoscente y conocido, engendran el conocimiento. Y así la mente, cuando se conoce, ella sola es padre de su noticia y es a la vez la que conoce y lo que conoce. Era cognoscible antes de conocerse, pero no existía en ella su noticia antes de autoconocerse. Cuando se conoce, engendra su noticia igual a sí

misma; entonces su conocimiento iguala a su ser, y su noticia no pertenece a otra substancia; y esto no sólo porque conoce, sino porque se conoce a sí misma, según arriba dijimos.

Mas ¿qué decir del amor? ¿Por qué, cuando se ama, no engendra su amor? Era ya amable antes de amarse, pues podía amarse, como era antes de conocerse cognoscible, pues podía conocerse; porque si no fuera cognoscible, jamás se podría conocer, y si no fuera amable, jamás se podría amar. ¿Por qué, pues, cuando se ama no se dice que engendra su amor, como al conocerse engendra su noticia?

Es, quizá, para indicar claramente el principio del amor pues procede de la mente ya amable antes de amarse, siendo así principio del amor con que se ama; mas no puede decirse con verdad engendrado, como se dice la noticia de sí por la que se conoce, precisamente porque ha encontrado mediante el conocimiento lo que se pudiera llamar parto o encontrado (*repertum*), pues con frecuencia procede la búsqueda con la ilusión de reposar en este fin. Es la investigación una apetencia de encontrar, que es sinónimo de engendrar (*reperiendi*), Las cosas que se reencuentran es como si se alumbraran (*pariuntur*) y son semejantes a la filiación. Y ¿dónde se engendran sino en la noticia? Es aquí donde como expresándose se forman. Porque si ya existían las cosas que buscando encontramos, no existía la noticia que asemejamos a un hijo que nace.

La apetencia que late en la búsqueda procede del que busca, y se balancea como en suspenso, y no reposa en el fin anhelado a no ser cuando se encuentra el objeto buscado y se une al que busca. Y esta apetencia o búsqueda, aunque no parezca ata amor con que se ama lo conocido —sólo se trata aún el conocimiento—, participa en cierto modo de su género.

Y se la puede llamar ya voluntad, porque todo el que busca quiere encontrar; y si se busca lo que pertenece a la noticia, el que busca quiere conocer. Y si con ardor lo ansia y constancia, se llama estudio, término muy usual en la investigación y adquisición de las ciencias. Luego al parto de la mente precede una cierta apetencia en virtud de la cual, al buscar y encontrar lo que conocer anhelamos, damos a luz un hijo, que es la noticia; y, por consiguiente, el deseo, causa de la concepción y nacimiento de la noticia no se puede llamar con propiedad parto e hijo; el mismo deseo que impele vivamente a conocer se convierte en amor al objeto conocido y sostiene y abraza a su prole, es decir, a su noticia, y lo une a su principio generador. Es, pues, cierta imagen de la Trinidad la mente, su noticia, hijo y verbo de sí misma y, en tercer lugar, el amor; y estas tres cosas son una sola substancia. Ni es menor la prole cuando la mente se conoce tal como es, ni menor el amor si se ama cuanto se conoce y es".

Agustín además analizará la noción la cuestión del verbo interior, que precede a todo verbo prolaticio, con objeto de llegar a la contemplación del Verbo divino, pues el primero es imagen del segundo. Esta cuestión más noética la analizaremos después. Queda ahora por recordar que, dentro de este ámbito de especulación, el *in se ipso* que connota todo verbo se encuentra la base para la unión de la imagen con su origen.

Desde esta perspectiva, cabe entender que la presencia de Dios en el alma es justamente aquello que hace al ser humano capaz de conocer a Dios. Ello se hace máximamente manifiesto cuando el ser humano se conoce a sí mismo: en el acto de autoconocimiento, el hombre no se encuentra a sí mismo, sino al Absoluto. El conocimiento de sí aparece entonces como inseparable del conocimiento del Absoluto; este proceso cognoscitivo se cumple en forma de círculo: el intelecto divino posibilita el inicio del autoconocimiento humano, pero este adquiere su cabal cumplimiento en el conocimiento de Dios. Se completa así el retorno de todo lo condicionado y lo finito a su principio trascendente. Dios se presenta entonces tanto como sujeto y objeto de la búsqueda de su propia verdad que supone el conocer humano: cuando se encuentra, no se halla al sujeto que busca, sino a lo buscado. Más adelante, Juan Escoto Eriúgena lo expresará con las siguientes palabras: *Nam si inuenitur, non ipse, qui quaerit, sed ipse qui quaeritur, et qui est lux mentium inuenit.* Para san Agustín el movimiento *ad interiora* se completa con el movimiento *ad superiora.*

En estas condiciones, el alma, imagen de Dios, retorna a Dios, y el cuerpo, vestigio del alma, retorna al alma. La imagen reproduce en su estructura misma la unidad divina de la cual participa.

Hay una imagen del creador en el alma humana y, debido a esa imagen, el hombre puede descubrir a Dios en su ser, en su existencia, aunque su esencia siempre permanecerá desconocida e inaccesible al entendimiento humano. El hombre, en este sentido, ocupa un lugar privilegiado dentro del universo: en su esencia brilla la primera causa de toda la realidad, así como también se incluyen en esa su esencia todos los órdenes principales de las criaturas.

En la filosofía medieval la toma de conciencia de la creación conlleva ineludiblemente una mirada del ser humano hacia sí mismo y hacia lo trascendente. Y, en esa mirada, se esconde un anhelo que no podía estar presente en el mundo antiguo, en el cual los dioses y los hombres formaban parte de una misma familia. El aspecto religioso de la creación se muestra en ese deseo humano de acceder a lo divino.

Muchas representaciones pictóricas medievales señalan al creador del mundo como un artífice, como un "hacedor del mundo", en donde se representa al artista divino midiendo el orbe para otorgarle una disposición espacial y temporal; y, también, en la actualidad Auguste Rodin ha diseñado *La mano de Dios* o *La creación*, a través de unas manos que moldean el barro. Asimismo, existe un cuadro que representa a San Juan evangelista dictando el mundo al amanuense Prócoro, que se titula *En el Principio*, haciendo alusión a la creación por medio de la pronunciación de una Palabra significativa en la que se contienen todas las letras del mundo.

Estas ilustraciones nos muestran una especial irrupción de lo finito. De esta manera, el tema de la creación se introduce en el ambiente de las discusiones post-aristotélicas para dar con la solución a una aporía cuyos términos son, por un lado, una naturaleza consistente en sí misma, con un cierto aguante propio; y, por otro lado, y al mismo tiempo, contingente y exigiendo fundamentación.

En el núcleo especulativo de estas cuestiones se encuentra la pretensión de dar solución al problema del origen del mundo. Desde diversos mitos religiosos a simbolismos más explícitos, las respuestas han sido múltiples a lo largo de la historia. Incluso puede decirse que se trata de preguntas de interés para nuestros contemporáneos.

En este capítulo veremos la cuestión de la creación y la relación que esta tiene respecto del conocimiento de sí en tres autores de la tradición neoplatónica que val del siglo IX a principios del siglo XIV. En primer lugar, Juan Escoto Eriúgena, quien emplea sobre todo la imagen de la sabiduría y de la palabra para referirse a la creación, tanto según *Génesis*, como según el *Prólogo* de Juan. En segundo lugar, la cuestión del Dios-espejo en Hildegarda de Bingen. Por último, trataremos de descifrar el significado de la *creatio in se ipso* de Meister Eckhart. Sabiduría, palabra, espejo y el "sí mismo", son expresiones o imágenes que quieren desentrañar el significado profundo, tanto de la acción creadora divina, como de la estructura de la finitud. Se revela en este hilo de pensamiento un denominador común, que es el relato de la creación como manifestación y su incidencia en el anhelo último del ser humano.

La doctrina de la manifestación se relaciona con la causa emanativa, la cual, en el medievo, tiene un significado propio. Es necesario no representarse el emanatismo como una derivación en el sentido literal, o como una simple extensión física del principio. El agua o la luz, por ejemplo, escapan ciertamente de su fuente y van alejándose de ella. Pero su fuente (origen) es inexpresable y no queda afectada por la derivación o irradiación que procede de ella.

Podemos decir que creación, emanación, teofanía y manifestación señalan mejor que otros términos la dependencia ontológica directa de la criatura con respecto a Dios y el rol gnoseológico que ésta cumple para el ser humano que conoce a Dios, no en sí, sino en los seres en los que aparece y que son comprendidos desde la noción de imagen. Desde aquí se entiende que la alteridad de la criatura es asumida en Dios, y también sus derivaciones teológico-antropológicas sobre la unión con lo divino. Veremos cómo el vocabulario empleado para describir la creación connota en sí mismo una dimensión religiosa.

a. *In sapientia*. Eriúgena

En la tradición eriugeniana es operante el, por así decir, "dogma" neoplatónico sobre la concepción de la causa primera. Según esa tesis, el Uno-causa está *en* todo y, a la vez, *sobre* todo: la causa primera es operante en lo que procede de ella, pero permanece en sí misma tal como es. Sólo de este modo puede ser pensada la diferencia del ente finito respecto de su origen. Tal es el modelo de la causa emanativa propuesto en el n. 35 de los *Elementos de Teología* de Proclo; texto que Eriúgena mismo no podía ciertamente conocer, pero cuya doctrina se hallaba presente en la obra de Dionisio Areopagita, que el irlandés traduce en la corte del Rey Carlos el Calvo y que influye decididamente en la elaboración de su doctrina acerca de la creación.

La visión global de Eriúgena sobre la realidad, tanto humana como divina, está basada entonces en el movimiento dual de la procesión y el retorno: cada efecto permanece en su causa, procede de ella y vuelve a ella[1]. Aunque hablemos sobre las ideas de

---

1. Cf. Proclo, *Elementos de Teología*, 35.

Eriugena en el marco de la *divisoria* (división, procesión) y la *resolutiva* (dialéctica y analítica: resolución o retorno[2]), ambas formas deben ser entendidas como entrelazadas intrínsecamente; esto es, estrictamente hablando, no son movimientos o procesos separados. La procesión de las criaturas y el retorno de las mismas está íntimamente asociada con la razón que considera que aparecen inseparables la una de la otra[3]. La dialéctica, como "madre de las artes", puede descender de los géneros a las especies o ascender de las especies a los géneros[4].

Para entender bien el pensamiento sobre la creación de Eriúgena resulta de especial significación partir de un problema central: la derivación de lo múltiple a partir de lo uno, en momentos extratemporales de una ontología dialéctica. Debemos descartar ante todo el mezclar la auténtica creación –relacionada a la multiplicidad empírica– y el origen de las formas, por el cual (o desde el cual) no puede hablarse de creación en sentido estricto, tal como leemos en el libro quinto del *De divisione naturae*, en el siguiente diálogo establecido entre *nvtritor* y *alvmnvs*: "Las realidades corpóreas y sensibles tienen su origen en las realidades incorpóreas e inteligibles. (...) Llamamos causas generalísimas de todos los seres a las razones constituidas simultáneamente en el Verbo de Dios, en cambio llamamos sustancias singulares tanto a las propiedades especialísimas como a las razones distribuidas y constituidas en las propias causas"[5]. Es decir, las causas primordiales, el segundo modo de la Naturaleza –tanto desde la razón formal como desde la razón objetiva– conforman el estatuto eterno de lo finito, en un

---

2. Sigo la edición de: É. Jeauneau, *Iohannis Scotti seu Eriugeniae Periphyseon*, Corpvs Christianorvm, Continuatio Medievalis CLXII, Brepols, Turnholt, 1997, II, 526B.
   3. Cf. II, 529A y 532A.
   4. V, 870B.
   5. V, 887A.

momento en el que ya el concepto de creación se explica mediante la causa emanativa, y significa, fundamentalmente, tanta permanencia en sí, como manifestación o teofanía. Sin embargo, hay que tener en cuenta, en lo que se refiere a las relaciones causales existentes en el mundo creado, que no son más que una lejana analogía de la causalidad suprema de la primera causa. Esta es causa tanto en el sentido primario como en el secundario, siendo la causa inmediata de cada cosa, así como la causa de la compleja totalidad del universo.

En realidad, Eriúgena asume el esquema procliano de permanencia, procesión y retorno; pero, dentro de esta asunción del esquema neoplatónico causal, el irlandés confiere al mundo creado, si no el estatuto ontológico en tanto que tal, sí su consistencia en tanto que tiende, como fin, a su origen. En efecto, la aplicación de este esquema conduce en Eriúgena al siguiente resultado: el momento en el que el mundo creado permanece en Dios corresponde a la inteligible creación del mundo en forma de causas primordiales o ideas divinas: es la *natura creata et creans*. Viene entonces la procesión del mundo sensible, el momento de la realización en géneros y especies: este es el dominio al que se aplican las categorías. En este momento, cada entidad, está determinada por el tiempo y el espacio. La última etapa es la del regreso al creador, la síntesis. Eriúgena afirma la subsistencia de los efectos en las causas primordiales. Desde ahí, podría sostenerse que *ex* nihilo significaría *ex Deo*, en el sentido del crear divino como aparición o manifestación de la nada superesencial que es la causa primera respecto de la inteligencia humana, debido su inefable excelencia e incomprensible infinitud. Se comprende así que las causas primordiales proporcionan el patrón según el cual se modelan las cosas contenidas dentro de la esfera de la tercera naturaleza; así el inefable deviene cognoscible en sus teofanías. El libro del mundo es entonces uno de los medios para conocer al ser que está más allá de todo ser y de todo conocimiento. Todos los predicados que afirma la teología catafática se aplican a Dios solamente *per metaphoram a creatura ad creatorem.*

Desde el paradigma de la emanatividad, la causalidad creadora es comprendida como *opus intelligentiae,* de ahí que sean frecuentes las expresiones como: "Todas las cosas están contenidas en la mente divina" o "Él mismo se comprende como causa de todos los existentes". Eriúgena ofrece una recapitulación de su pensamiento sobre la creación en III, 678 A-B, de donde extraemos las siguientes tesis: 1. Lo que Dios ha hecho, eso mismo, y no otra cosa, siempre lo quiso y lo vio. 2. Lo que Dios siempre quiere y ve, está siempre con él y no fuera de él. Esta especificación es muy importante, porque descubre el sentido que atribuye Eriúgena a los textos bíblicos que hablan de la creación "en el principio" (en el Verbo), "en" la sabiduría. Desde estas consideraciones también se puede a atribuir a Eriúgena *in se ipso,* condición para la unión de la persona humana con la divinidad.

Todo ello sin olvidar, finalmente, que –para el filósofo irlandés– el hombre fue creado a imagen de. Aquí, según el modelo de la teoría de la emanación, el momento de *proodos* de toda la realidad a partir de un principio único implica un paso de la esencia a la existencia, que además posibilitará la comprensión de la inteligibilidad de la naturaleza en cuanto obra o causa de Dios. Por último, el intelecto humano purificado se une con la intelección propia divina en el más alto conocimiento de lo desconocido. Esa unión intelectual con la divinidad, que abre una puerta a la dimensión religiosa del hombre, es posible a causa de la concepción descrita de la creación como manifestación.

Ahora bien, en el término de este proceso, Dios aparece sobre todo como luz, como objeto de contemplación, pero no ya de discurso racional; aparece como inefable e innombrable. De ahí la conocida doctrina eriugeniana de que de Dios solamente puede hablarse translativamente o metafóricamente: *nihil de Deo propie posse dici.* La teología negativa se completa así con la teología afirmativa, la cual, a su vez, no puede expresar al Absoluto dentro de los límites que supone el pensamiento conceptual, y tiene, por lo tanto, que recurrir a la *similitudo* y, por lo tanto, siempre inadecuadamente: desde la doctrina de la *teophania*, el mundo no es comprensible sino como *divina metaphora.* De hecho, si una expresión adecuada fuera posible acerca del Absoluto, ello implicaría la total autorrevelación de Dios en el mundo, concepción totalmente ajena a la trascendencia eriugeniana. La *ratio* cumple aquí justamente su papel. El contenido de la fe es anterior, y se presenta entonces como preparación para el conocimiento. La fe cumple desde ahí el papel de una acción que, activando al entendimiento, le empuja a la comprensión, cuyo ejercicio inquisitorio debe descansar al final en la contemplación, propia del *intellectus* o tercer grado de conocimiento. La *ratio* es así una mediación cognoscitiva en orden a la contemplación del objeto de la fe y en esa misma medida no puede ser autónoma con respecto de la misma. La *ratio* se mueve en Eriúgena en el contexto de la fe, en el sentido de que la búsqueda racional es para él elemento integrante del quehacer religioso; dedicarse a tal investigación significa concretar la propia *pietas.* La inquisición que supone la razón no es así un *plus* que se añada a la fe, sino que Eriúgena le atribuye una importancia decisiva en orden a la felicidad última de la persona.

A su vez, la mediación cognoscitiva que supone el ejercicio de la razón obtiene su acabamiento en la exteriorización del pensamiento, esto es en el lenguaje. El lenguaje como exteriorización del pensamiento es la *vox* exterior que expresa la *vox* interior (*verbum, animus*). La palabra interior y la palabra exterior se corresponden aquí con el binomio oculto-manifiesto, o invisible-visible. La palabra expresada es interpretativa o mediadora del espíritu:

"Es entonces la voz intérprete del alma. Pues todo lo que con anterioridad el alma piensa y ordena de modo invisible, lo profiere mediante la voz sensible"[6].

En analogía con la encarnación de la Palabra de Dios, en la que el Dios invisible e inaccesible se manifiesta, mediante las palabras humanas el pensamiento se hace comprensible fuera de sí mismo. Pero, como ha señalado W. Beierwaltes tal exteriorización no supone nunca en el pensar eriugeniano una separación de lo exterior y lo interior; antes bien, la posibilidad misma de la expresión de la verdad en el lenguaje supone que éste permanezca unido al pensamiento interior que lo ha generado: *"visibilium interpretationem in invisibilium intellectuum uniformitatem resolvit"*.

En este proceso explicativo, Eriúgena avanza decididamente en el camino del conocimiento humano, centrándose posteriormente en el propio sujeto del conocimiento, esto es, en el pensamiento interior. Es en efecto su antropología de la persona como *imago Dei* la que en última instancia permite comprender el valor del esfuerzo de la razón en la conquista de la verdad y del conocimiento del Absoluto. Efectivamente, desde su doctrina de la iluminación y del *intellectus* como máximo grado de conocimiento, advierte que el conocimiento humano de la verdad, así como su expresión, no es posible sino porque el alma humana se halla radicalmente fundada en Dios o el Absoluto. Basándose en *Mateo*, 10, 20[7], advierte que el hombre, desde su radicación en la fe, no pronuncia ni piensa sino aquello que Dios mismo —el Espíritu— dice a través de

---

6. *Jean Scot, Commentaire sur l'Evangile de Jean*, Introduction, texte critique, traduction, notes et index de E. Jeauneau., *Sources chretiennes*, 180, Cerf, París 1972, Lib. I, XXVII. Cf. Agustín: *Sermo 288, De voce et verbo* (*PL* 38, 1302-1308).

7. *Periphyseon*, Lib. I, p. 76 (*PL* 522 B): "Non vos estis qui amatis, qui videtis, qui movetis, sed spiritus patris qui loquitur in vobis veritatem de me (...)".

él. Dios aparece así como la luz del mundo inteligible que se hace comprensible a través de un conocer humano iluminado: "Así como el aire, que no luce por sí mismo y al que se le ha atribuido el nombre de tinieblas, es capaz de recibir la luz del sol, así nuestra naturaleza que, considerada en sí misma, es una sustancia de tinieblas, es sin embargo capaz de recibir la luz de la sabiduría. Pero el aire, cuando participa de los rayos del sol, no luce por sí mismo; es el esplendor lo que se manifiesta en él, de tal modo que, sin perder la oscuridad de su naturaleza, recibe una luz que viene de fuera. Lo mismo ocurre con nuestra naturaleza dotada de razón: cuando posee la presencia del Verbo de Dios, conoce las realidades inteligibles y a Dios mismo, no por sus propias fuerzas, sino gracias a la luz divina"[8]. En otras palabras, su comprensión del conocimiento humano se halla íntimamente relacionada a la comprensión de la propia religiosidad de la persona humana[9].

b. *Visio.* Hildegarda de Bingen

En el sistema conceptual de la Edad Media, marcado en su inicio por el platonismo hasta entrado el siglo XII, la visión es un modo de conocimiento privilegiado; por la visión se entra en contacto con lo bello. Y, por su poder de irradiar luz –fuente de toda belleza– el espejo fue revestido de una excepcional carga simbólica.

---

8. *Homilia in Prologum S. Evangelium secundum Joannem*, Introducción, texto y notas de E. Jeauneau., *Sources Crétiennes*, 151, Cerf, París 1969, XIII (*PL* 290 C-290 D).
9. Cf. A. Kijewska, "The Eriugenian Concept of Theology. John the Evangelist as the Model Theologian", en *Johannes Scottus Eriugena. The Bible and Hermeneutics* (eds. G. Van Riel, C. Steel, J. McEvoy.), University Press, Lovaina 1996, pp. 173-193.

Es así como el espejo entra en el vocabulario religioso de la Edad Media, también en su espiritualidad y en su pensamiento. Hay tres textos principales que contextualizan el pensar medieval sobre el espejo. En primer lugar, en libro de la *Sabiduría* (7, 27) se describe a esta como: "espejo nítido de la acción de Dios" (y "reflejo de la luz eterna", 7, 26, así como: "imagen de su bondad", 7, 28). En segundo lugar, el de *Corintios*, 1, 13, 12, "Ahora vemos como en un espejo y en enigma". Y, en tercer lugar, el pasaje de *Santiago* (1, 23): "Quien se contenta con oír la palabra, sin ponerla en práctica, es como un hombre que contempla la figura de su rostro en un espejo: se mira, se va e inmediatamente se olvida de cómo era". El espejo tiene distinto significado y cierta ambivalencia en los en los escritos citados. El espejo de Pablo solamente da una imagen o representación velada de la verdad de las cosas. Se trata de un conocimiento tamizado, indirecto y se refiere al paso de la vista imperfecta a la visión cara a cara del modelo del conocimiento. De hecho, para Pablo no hay en este mundo un espejo para conocerse a sí mismo. Solamente, yendo más allá de sí y reconociéndose en la mirada originaria, uno puede conocerse: "Entonces veremos cara a cara. Ahora conozco de modo imperfecto, entonces conoceré como soy conocido"[10]. en San Pablo que, después del mundo del espejo, veremos "cara a cara", lo que significa que nos conoceremos como somos conocidos. Es decir, nuestro conocimiento de nosotros mismos se halla ligado esencialmente a una ruptura o salida del espejo y a una mirada sobre nosotros. En Pablo, además, existe una casi imposible conciliación entre la visión del rostro de Dios y la continuidad de la vida, según las palabras de Yahvé a Moisés en el monte Sinaí. Diferencia entonces entre el "cara a cara" del "a través del espejo". Esa mirada atraviesa el espejo para llevar a ver otra cosa. El espejo de Santiago, en cambio, recuerda al

10. 1 *Corintios*, 13-15.

ser humano su inconstancia, su fragilidad y su locura al olvidarse de sí, al perderse de vista. Tiene un sentido moral.

Hildegarda de Bingen –competente teóloga de la temprana escolástica– representa una mujer notable, cuyo discurso teológico no sólo se gesta desde conceptos dogmáticos sólidos, si no que integra las visiones y símbolos complejos, tanto ígneos como espejeantes. El espejo se presenta en su obra como conocimiento metafísico e instrumento religioso, el cual conduce a una idea de creación *desde* y *en* Dios.

Hildegarda fue una abadesa benedictina del Rhineland del siglo XII, una profeta visionaria, teóloga, predicadora, compositora musical, dramaturga, sanadora e investigadora en ciencia natural y medicina. Tuvo visiones a una edad muy temprana, y siendo aún una niña sus padres la pusieron al cuidado de una mujer joven dedicada a la vida religiosa llamada Jutta von Sponheim. Vivieron como anacoretas, vinculadas al monasterio benedictino de Disibodenberg. Jutta enseñó a Hildegarda a cantar el Divino Oficio y le dio unas bases de latín. Pronto atrajeron a otras y se convirtieron en el centro de un creciente grupo de monjas benedictinas.

Cuando murió Jutta en 1136, Hildegarda fue elegida *magistra* de las monjas. Pese a la oposición del Abad Kuno, logró establecer un monasterio independiente en Rupertsberg en 1150, y después fundar un segundo monasterio en Eibingen en 1165. Tuvo el apoyo de Volmar, un monje de Disibodenberg, un consejero espiritual y amigo que también fue su escriba. Hildegarda era reacia a compartir su experiencia visionaria, pero dice que, en una visión de 1141, a la edad de 42 años, Dios le pidió que pusiera por escrito lo que veía y oía. La figura de Volmar escuchando y escribiendo las visiones de Hildegarda es bastante conocida.

A la luz de la instrucción divina, finalmente escribió tres textos fundamentales de teología visionaria, el *Scivias*, entre 1142 y 1151, *El libro de los méritos de la vida*, entre 1158 y 1163, y *El libro de las obras divinas*, entre 1163 y 1174. Su vocación visionaria y profética fue confirmada por Bernardo de Clairvaux y por el papa Eugenio III, quien leyó parte de su *Scivias* en el Sínodo de Trier en 1147. En el *Liber divinorum operum* Santa Hildegarda presenta de manera entrelazada la obra de Dios entre el cosmos y el hombre. Fue a partir de 1163 –con 65 años– que Hildegarda empezó a escribir este tercer libro visionario, que completó hacia 1173-1174. La obra y las visiones relatadas no están escritas según los pensamientos de la autora, sino que es Dios mismo quien le manda escribir "de acuerdo a mí"[11]. Relata que "una voz del cielo se dirigió a mí: 'Oh pequeñita forma (...) encomienda estas cosas que ves con los ojos interiores y que percibes con los oídos interiores del alma, a la escritura firme para utilidad de los hombres; para que también los hombres comprendan a su creador a través de ella (...). Por consiguiente, escribe estas cosas, no según tu corazón, sino según mi testimonio (...). Y no las escribas inventadas por ti ni premeditadas por otro ser humano, sino predestinadas por mí antes del principio del mundo"[12]. Este modo imperativo pone de manifiesto tanto el mandato evidente de lo anteriormente considerado, cuanto la expresión de la palabra escuchada y comprendida interiormente. Hildegarda insiste en que lo que escribe le ha sido revelado en perfecta consciencia, "ni en éxtasis ni en sueños".

La expresión anterior presenta la tradición visionaria a la que pertenece la Sibila del Rin. En efecto, la tradición mística había seguido la doctrina agustiniana, mientras que Hildegarda parece haber sido la primera en cambiar el esquema; sus visiones ocurren

11. *Prólogo* al *Libro de las obras divinas*, en: Hildegarda de Bingen, *Libro de las obras divinas*, Traducción de: M. I. Flisfisch, M. E. Góngora y M. J. Ortúzar. *Introducción* de M. E. Góngora, p. 130. Hildegardis Bingensis, *Liber Divinorum* Operum, cura et studio A. Denolez et P. Dronke, Brepols, Turnholti 1996. Corpus Christianorum. Continuatio Medievalis, 92.
12. *Prólogo* al *Libro de las obras divinas*, pp. 129-130.

mientras está despierta, "ni en sueños ni en éxtasis". Todos los estudiosos coinciden en que las imágenes vistas en la visión no son imágenes que pertenezcan a la imaginación o al *phantasmata*; la abadesa habla al monje Volmar sobre lo que ve, Volmar es un testigo y da testimonio de lo que acontece. En una la epístola XVII, Hildegarda apunta a la posibilidad de una traducción de lo inteligible bajo la forma de lo sensible, pues algunas realidades espirituales son vistas por los ojos sensibles, del mismo modo que algunas cosas espirituales son conocidas por medio de los ojos corporales.

En una obra menos conocida —*Triginta Octo Quaestionum*— en la cuestión XXII, Hildegarda se pregunta cómo ven los ojos corporales (en el sentido de la *visio*) y si pueden conocer algunas cosas espirituales (*aliqua spiritalia cognoscuntur*). Ahí contesta que, así como en un espejo material podemos ver nuestra forma, también los ojos materiales pueden intuir (*intueantur*) lo espiritual.

Hildegarda tuvo dos tipos de visión: a) Como la sombra de la luz viviente (*umbra viventis luminis*); b) Menos frecuente, como la luz viviente (*lux vivens*). Se trata siembre de imágenes visuales acompañadas de una voz (audición y visión van siempre unidas) y las describe con su propia palabra, tratándose de cosas que no pueden ser visibles al ojo sensible. Por ello puede sostenerse que se trata la suya de una filosofía al servicio de la espiritualidad

Para la sibila del Rin resulta de suma importancia el elemento de la visión ocular. Los ojos humanos, de modo espejeante, "muestran muchas cosas, porque son brillantes y acuosos, como la sombra de las criaturas que se reflejan en el agua. El hombre conoce y distingue todas las cosas en su visión; y si careciera de visión estaría como muerto"[13]. De ahí pasará a la visión de los ojos interiores, así como de la audición interna, teniendo siempre las vi-

---

13. *Libro de las obras divinas*, p. 364.

siones la característica de una intensa cromaticidad, especialmente los colores relacionados con la descripción de la luz y del fuego. La sabiduría –en Hildegarda– frente a otras acepciones especulares, es, realmente, el espejo claro de la divinidad. De este modo se aprecia en Hildegarda de Bingen. Para ella, la energía divina, vida por excelencia, al crear "se miraba ella misma en el espejo de sí, en el Dios espejo". Dios mismo aparece aquí como un espejo en el que se ve enteramente a sí mismo a la hora de crear el mundo; sabemos que entonces que enuncia una palabra por medio de la cual crea los cielos y la tierra. Y, a su vez, el ser humano, cumbre de la creación, se define como "espejo de Dios". Las visiones de Hildegarda –ha escrito Victoria Cirlot– se inscriben dentro de un marco teórico en el que la imagen ocular ocupa un lugar central dentro de la relación de lo visible y lo invisible, pues se instala en la certeza de que a lo invisible se llega a través de lo visible. Por ese motivo podemos hablar de un espejo vivo que configura el mundo y también del espejo vivo que deviene el ser humano haciéndose consciente de quién es. Vemos aquí el camino anagógico que emplea Dionisio en *La jerarquía celeste* y que fue recuperado en el mismo siglo XII por el abad Suger de Saint Denis al elaborar la teoría en la que había de cimentarse el arte gótico.

En el *Liber divinorum operum* Santa Hildegarda presenta de manera entrelazada la obra de Dios entre el cosmos y el hombre Fue a partir de 1163 –con 65 años– que Hildegrda empezó a escribir este tercer libro visionario, que completó hacia 1173-1174. El Capítulo CV de la Cuarta Visión de la Primera Parte es, exactamente, una exposición y un comentario del *Prólogo* del evangelio según Juan, desde *En el Principio era la Palabra*, hasta *lleno de gracia y de verdad* (1, 1-14). El tema principal es la eternidad de la Palabra de Dios y, con ello, cómo eran las criaturas en el pensamiento del Creador. Además, casi toda la Segunda Parte, desde el capítulo XVII al XLVIII, se trata de un comentario a los seis días de la creación; resalta ahí especialmente el capítulo XLIII, que se refiere al sexto día, y, ahí, sobre el plan de hacer al ser humano a imagen de Dios, y cómo resplandece en la hechura del cuerpo humano la fuerza de la potencia y la luz de la sabiduría del Creador. El texto clave para nuestro propósito es el siguiente: "*En un principio era la Palabra*. Esto debe comprenderse así (...). Yo también soy la razón, no de ninguna otra palabra, sino de la que respira toda racionalidad. Hice espejos de mi rostro para mirarlos, en los cuales contemplo todos los milagros de mi origen, que nunca terminarán; y preparé estos mismos espejos con la armonía en las alabanzas"[14].

Como se puede apreciar, el símil del espejo tiene un papel fundamental en la creación del mundo. Ahora bien, ha de notarse que el espejo divino es –como después dirá Nicolás de Cusa– un "espejo vivo", en el que realmente Dios, por así decirlo, mira el orbe de lo creado y de lo increado. No se trata de una metáfora relativa al espejo material. Pues, en efecto, en un espejo material pulimentado, los ojos reflejados son "ojos ciegos", porque no ven. Dios sería entonces auténtico espejo, esto es, sin metáfora.

Asimismo, Dios hace espejos de su rostro, en los cuales contempla el origen de todas las cosas. Estos segundos espejos, por su función de alabanza, están representados en la visión de *los coros de los ángeles*, que es la visión sexta de la Primera Parte del *Scivias*. Describe ahí nueve círculos concéntricos de ejércitos celestes. Este número coincide con los nueve coros de Dionisio Areopagita, por donde se podrían analizar las coincidencia y diferencias entre la visión hildegardiana de este coro angélico y la clasificación angelical de Dionisio.

El sexto círculo de la visión representa a ángeles "llenos de ojos y de alas, y en cada ojo aparecía un espejo, y en cada espejo

14. *Libro de las obras divinas*, p. 362.

un rostro de hombre, y elevaban sus alas a la suprema altura"; en el siguiente círculo, los espejos de los ojos de los ángeles hacían aparecer "como en un espejo, todos los órdenes de la institución eclesiástica"[15]. Como veremos en seguida, el hombre es el espejo privilegiado para la manifestación divina.

También, en lo que se refiere a la creación, la palabra es un elemento clave: "Tengo la voz como el trueno, con la que muevo todo el orbe de las tierras con los sonidos vivientes de todas las creaturas. Yo, el primero de los tiempos, hago estas cosas porque, gracias a mi Palabra, que siempre estuvo y está en mí sin comienzo, ordené que apareciera una gran luz (...)"[16].

En Hildegarda, espejo y palabra, se unen en momentos decisivos, como cuando se trata de describir tanto la creación como la acción de la sabiduría. En *Scivias* III, 9, 25[17] leemos, cuando trata de explicar el significado de la sabiduría y sus vestiduras, lo siguiente: "esta imagen representa la sabiduría de Dios: Dios creó y ordenó todas las cosas por ella". "En el *Libro de los Méritos de la Vida*" (*Liber vitae meritorum*).

En el *Liber operum divinorum* Hildegarda continúa comentando la cuestión de la Palabra: "*Y la Palabra era junto a* Dios, como la Palabra está en la racionalidad, ya que la racionalidad tiene en sí la Palabra y la Palabra está en la racionalidad, y estas no se pueden separar. (...) Dios en su Palabra quiso que su Palabra crease todas las cosas (...) ¿Y por qué se dice Palabra? Porque despertó a todas las creaturas con voz resonante y las llamó hacia sí"[18]. Esa llamada

---

15. Hildegarda de Bigen, *Scivias: Conoce los caminos*, Traducción de Antonio Castro Zafra y Mónica Castro, Trotta, Madrid 1999, pp. 428-429. *Scivias: Il nuovo cielo et la nova terra*. A cura di Giovanna della Croce; presentazione di Bruce W. Hozeski, Librería Editrice vaticana, Città del Vaticano 2002.

16. *Libro de las obras divinas*, p. 362.

17. *Scivias*, pp. 428-429.

18. *Libro de las obras divinas*, p. 365.

hacia sí significa –como lo recogerá Meister Eckhart– que la creación significa una llamada a la criatura del no-ser al ser, ser que es el mismo Dios; por donde se abre toda una especulación sobre el estatuto ontológico de lo creado y, también sobre la final unión con Dios, meta de todo discurso religioso.

"Pues lo que Dios manifestó en la Palabra, la Palabra lo ordenó al resonar, y lo que la Palabra ordenó, Dios lo manifestó en la Palabra"[19]. El término manifestación usado por la Santa la sitúa de lleno en la tradición medieval que pretende hacer comprensible a la razón humana el, por así decir, porqué de la finitud del mundo que constituye, en términos medievales, la *universitas rerum*.

En Hildegarda, además, el corazón –núcleo de la persona humana– es el espejo donde se refleja el ser divino, y desde donde ella debe escribir el relato de la creación, según las palabras recibidas en las visiones. Entonces, en un momento dado, Dios mira con amor a su criatura y la ama realmente como su espejo: "Encendido mi amor por mi espejo" (*in ardente amore speculi mei*) dice la Voz, exhortando a la escritura. Hidegarda trata de describir el acontecimiento visionario dentro de la tradición medieval que le precede: sus imágenes no son alegorías sino más bien símbolos que tienen una fuerza especial para evocar algo más allá de sí mismas y de las palabras, y ello dentro del cuadro bíblico según el cual lo oculto ha sido manifestado. Aquí, la noción de manifestación hace referencia a la luminosidad del intelecto que desvela a su vez la luminosidad del mismo misterio y del propio mundo. Utiliza un método descriptivo de sus visiones, acompañado de la propia reflexión sobre su modo de decir lo que ve.

En el *Libro de las obras divinas*, comentando el *Prólogo* de Juan, continúa: "Por ello compuse en mí la pequeña obra, que es el hombre, y la hice a mi imagen y semejanza, de manera que

---

19. *Libro de las obras divinas*, p. 365.

obrase como Yo, ya que mi Hijo debía obrar con la vestidura de la carne en el hombre"[20] –en otro lugar dice que el hombre es el vestido del Hijo, así como el cuerpo es el vestido del alma. Hildegarda dice aquí de Dios: "compuse en mí", esto es, en Él mismo (*in se ipso*) al ser humano Puede afirmarse que Dios ve en su espejo a la persona humana. Como tal, la ve de un modo distinto a como considera las demás cosas. No sólo la ve en sí mismo, sino que también la crea. Esta peculiaridad de la acción creadora divina respecto del ser humano conlleva que el hombre sea hecho "a mi imagen y semejanza". Esta idea despierta toda una religiosidad respecto del ser y del actuar humanos; puesto que el hombre es el "lugar" de la manifestación divina. Entonces, el retorno de la criatura a su origen es posible en cuanto que esa anhela el rostro *que ya fue*.

El texto sobre la creación de la criatura humana continúa del siguiente modo: "También le hice racional a partir de mi racionalidad, y marqué en ella mi poder, como la racionalidad del hombre en su arte abarca todas las cosas a través de los nombres y a través del número; ya que el hombre no distingue ninguna cosa de otro modo, a no ser por los nombres, y no conoce la multiplicidad de las cosas, a no ser por el número"[21]. La racionalidad otorga al hombre el poder cuasi divino de nombrar a las cosas y de actuar libremente "en su arte". El ser humano es, claramente, una expresión de la divinidad.

El hombre ocupa un lugar privilegiado en el contexto de la creación y en la propia obra de Hildegarda. Se refiere frecuentemente a los pasajes del *Génesis* sobre la creación del hombre y a las palabras de san Pablo: *Qui est imago Dei invisibilis, primogenitus omnis creaturae* (*Col* 1:15).

---

20. *Libro de las obras divinas*, p. 363.
21. *Libro de las obras divinas*, p. 363.

Para Hildegarda, el hombre es el medio por excelencia para la manifestación de Dios. A través de la boca del hombre, Dios manifiesta su Palabra, con la que creó todas las cosas, como por la boca son pronunciadas las cosas con el sonido de la racionalidad; pues el hombre pronuncia muchas cosas al emitir sonidos, como hizo la Palabra de Dios en la creación en el abrazo de la caridad –habla de *sapientia* y *caritas* en la creación[22]. La palabra humana es expresión de la palabra divina, y a través de ella Dios mismo se expresa en sus criaturas. En el ámbito de la filosofía de la religión, se abre aquí un camino para poder hablar de la oración.

El texto continúa fijándose ahora en los ojos del hombre: "También en los ojos del hombre muestra su ciencia, a través de la cual ve y sabe de antemano todas las cosas; estos ojos muestran muchas cosas, porque son brillantes y acuosos, como la sombra de las creaturas que se refleja en el agua. El hombre conoce y distingue todas las cosas en su visión; y si careciera de visión, estaría como muerto"[23]. La descripción de los ojos humanos como brillantes y acuosos está directamente relacionada con una idea de mirada espejeante, similar a los espejos arriba mencionados que Dios creó en primer lugar. El ser humano, como imagen de Dios es, como Él, un espejo que representa lo creado mediante el conocimiento, así como Dios mismo se ve a sí mismo en su espejo y crea otros espejos.

Tal intelección, ligada a los sentidos, es trascendida por la visión, acontecimiento complejo y dinámico, inverso a Eriúgena –en lo que se refiere a las implicaciones sobre el sujeto–, con quien la autora comparte las etapas del ascenso, purificación y unión al modo dionisiano. Finalmente, podemos afirmar que, más allá de

22. *Libro de las obras divinas*, p. 364.
23. *Libro de las obras divinas*, p. 364.

la intelección, la visión activa revela una índole práxica que lleva a la unión con la divinidad.

Su discurso expresa una experiencia subjetiva consciente del misterio objetivo revelado, en el lenguaje de la visión, que es el de la imagen simbólica. Hay una clara relación entre experiencia e imagen y con Hildegarda vemos abiertas vías originales de conocimiento y de profundización en el misterio del mundo, del hombre y de Dios. Karl Rahner advirtió que la experiencia místico-estética de Hildegarda puede servir al renacimiento de una religiosidad que, a su parecer, será mística, o no será. Pues para salvar a la humanidad de lo meramente humano, en el siglo XXI ya no puede el hombre hablar ni vivir fuera de la experiencia del encuentro y de la unión con Dios.

c. *In se ipso*. Eckhart

Eckhart habla en su obra especialmente de la relación Dios-mundo en términos de *Urbil-Abbild*. Al investigar sobre la relación entre imagen original (*Urbild*) e imagen originada (*Abbild*), propone la siguiente cuestión: ¿Dónde está realmente el ser de la imagen, en el espejo o en aquello de donde procede la imagen? La respuesta es clara: "La imagen está en aquello de lo que procede. La imagen está en mí, procede de mí y se dirige hacia mí mismo. Mientras el espejo presente mi imagen, mi imagen está ahí; si falta el espejo, la imagen se pierde"[24]. La disolución de la imagen viene dada por la pérdida o ausencia del espejo. Esto significa que la imagen se evade cuando si falta el espejo de lo divino.

24. M. Eckhart, *Die deutschen und lateinischen Werke*, hg. Im Auftrage der Deutschen Forchungsgemeinschaft von J. Quint, Stuttgart 1956 y ss., p. 154 / 465.

Por su parte, como Eriúgena, Eckhart comenta la proposición bíblica *In principio creavit deus caelum et terram*, y sostiene que *in principio* no significa sino la creación de Dios en sí mismo – *secundo quod 'creavit in principio', id est in se ipso*[25]. Pues, según Eckhart, el *ex nihilo* implícito en la *creatio*, no puede significar que la nada pueda recibir algo; si eso llegase a admitirse, o se supusiese que algo tiene en la nada su término, ese algo sería, simplemente, nada. Cuando se afirma que Dios todo lo creó de la nada, no debe entenderse que lo hizo a la manera de los agentes naturales, de tal modo que los efectos persistiesen fuera, enfrente o más allá de Él. Dios creó las cosas, esto es, las llamó desde el no ser al ser, para que en él permanecieran. Pero Dios es el mismo ser, por ello debe subrayarse que no *a principio*, sino *in principio*, ha creado Dios todo. ¿Cómo podrían entonces las criaturas ser de otro modo, sino es en el ser que es su fundamento? De ahí que leamos en su obra afirmaciones que sostienen que, siendo Dios el ser que existe desde el principio, nada puede ser antes o fuera de él: *extra ipsum vero esse nihil esse potest*, de tal modo que juzgan erróneamente, aquellos que consideran que algo pueda ser fuera de Dios, pues nada puede ser fuera de Dios, o además de Dios (*extra deum, vel praeter deum*).

A raíz de las afirmaciones precedentes, se ha comentado que es la de Eckhart una metafísica de la unidad, en la que la oposición entre Dios y la criatura es encarada desde la oposición Uno y no-Uno, oposición que únicamente existe desde el ámbito de la criatura, ya que, desde Dios, no hay alteridad alguna, ya que lo "otro" exige su pertenencia al ámbito de lo que realmente es. Entonces, si la criatura es, y si sólo Dios es el ser, debe seguirse de ello que la criatura es el Ser de Dios en Dios.

Efectivamente –argumenta Eckhart– si la creación es dar o conferir el ser (*creatio dat sive confert esse*), y el ser es el principio

---

25. *Prologus generalis in opus tripartitum*, 160, 15, 2-4.

y lo primero en todo orden –es Dios mismo–, nada hay o puede haber fuera de él (*ante quod nihil et extra quod nihil. Et hoc est deus*). Dios, ciertamente, llama a las cosas de la nada al ser[26], pero si Él es el ser, las cosas no pueden entonces existir fuera del ser[27]. Así pues, que Dios creó todas las cosas en el principio, únicamente puede querer decir que las creó todas en sí mismo. Pues todo lo creó en el ser, el cual es el mismo principio y es el propio Dios. Y por ello, según Eckhart, es preciso recordar que todo aquello que Dios hace, lo hace en sí mismo. Y entonces, lo que estuviera fuera de Dios o lo que Dios hiciera fuera de sí, sería fuera del ser, o sea, no sería[28]. Desde la perspectiva apuntada, la criatura, lejos de ser "nada" llega a ser lo máximo que le confiere su propia posibilidad: es una manifestación del Absoluto a sí mismo.

Creatio est collatio esse, concesión –de ser– que únicamente puede competer al que es *ipsum esse*, Dios[29], en quien todo ser o modo de ser se halla contenido. En el principio, Dios ha invocado a las cosas de la nada al ser: en el sentir de Eckhart, esto significa que Dios ha llamado a las cosas hacia sí mismo, pues Él es el mismo ser. Lo propio de la criatura no es entonces –como pensara Tomás de Aquino– su composición de esencia y ser, sino un ser entremezclado con la nada[30].

---

26. *Lateinische Werke*, I, 162, 17, 5: "Vocat ea quae non sunt" (referencia a *Rom.*, 4).
27. *Lateinische Werke*, 162, 17, 3-4: "Quomodo enim essent nisi in esse, quod est principium?".
28. *Lateinische Werke*, 161, 17, 1-7: "(...) Quod enim extra deum est et quod extra deum fit, extra esse est et fit". *Ibid.*, 13-20: Las cosas no pueden ser concebidas como estando fuera del Absoluto: *ut starent extra se*.
29. *Lateinische Werke*, I, 160, 7: 160, 8: "Constat autem quod ab esse et ipso solo, nullo alio, confertur esse rebus".
30. *Lateinische* Werke, IV, 283, 8-10: "Ab omni nihilo, id est habente nihil sive privationem aut etiam negationem admixtam, qualis sit vel est omni creatura".

Se entiende así la interpretación de la creación eckhartiana como una llamada a las cosas que no son para venir al ser. Llamar, explica, es convocar a los que están ausentes, a los que están fuera, para presentarse ante aquel que llama. La llamada no resuena en la nada, sino en el que llama. Las cosas no son, entonces, creadas *in nihilo*, sino *in Principio*.

Esa creación como llamada "en el principio" implicaría en Eckhart un acto intelectual divino, en el que Dios se afirma como ser manifestándose, dándose a conocer a la criatura. Ello conlleva una concepción del Absoluto como intelección, antes que como ser. En otras palabras, las *Cuestiones parisinas* que el Absoluto es porque piensa, y lo hace mediante un acto de completo retorno sobre sí mismo; así como en sus comentarios a san Juan Eckhart considera que Dios es en cuanto intelige y que el conocer intelectivo es el fundamento de su Ser. En su acto intelectivo se afirma como ser, manifestándose, dándose a conocer, a la criatura. Difiere así de la Deidad –*negatio negationis*–, pues posee el ser en plenitud, en toda su riqueza, ya que es el pensamiento de todo lo que es.

Como en Eriúgena, esta doctrina da sentido específico a la *assimilatio a Deo*. La criatura es, ciertamente distinta de Dios, que es indiferenciado. Debe, por tanto, aproximarse a Dios hasta asimilarse a Él. Y así se comprende el estatuto ontológico de la criatura en cuanto imagen. El ser de la imagen está en aquello de lo que ella es imagen; mientras que el Creador viene a ser un espejo para las criaturas, que ya no son "efectos", sino "reflejos".

Las criaturas son, en definitiva, teofanías o manifestaciones, lo que significa aquí que son imagen de la Imagen, que es la *forma formarum*; son por ello algo degradado, un alejamiento del ejemplar único; pero, si se identifican con la Imagen serán verdaderamente en el que es Uno. De aquí la importancia del tercer momento de la tríada ontológica: el retorno, como vuelta a la verdad de sí en la Verdad. El verdadero sentido de la creación se resuelve, por lo tanto, no desde el *ex nihilo*, sino desde el *in principio*, y no es temporal, sino eterna.

Así pues, Eckhart no niega propiamente la criatura –posee su ser formal–, pero señala explícitamente aquello que la distingue del Creador: llamada de la nada, es nada frente a Dios, es nada si no es en Dios. En Eckhart, entonces, los entes finitos llevan la negación en sí, lo cual ha de conducirle a la extrema afirmación de que son "pura nada"; y ello no tanto porque niegue la existencia de la creación, cuanto por su afán de afirmar el absoluto ser de Dios, de quien, ningún modo de ser queda excluido.

Según lo anterior, toda analogía entre Dios y la criatura –que en todo caso debe considerarse como analogía de atribución extrínseca– se resuelve adecuadamente en la unidad que los reúne en el Logos divino; en el cual las cosas poseen su ser causal o virtual, siempre más excelente que aquel que poseen formalmente. Desde esta concepción, el ser de lo creado es un 'modo' de ser divino. Esta afirmación no conduce, en Eckhart, a mantener la univocidad –de corte spinocista– en lo referido a la noción de ser; pero resuelve la cuestión de la relación Dios-criatura en la unidad absoluta; donde las diferencias no quedan anuladas al modo hegeliano. Y de un modo paralelo en este respecto comentó ya Werner Beierwaltes en su libro sobre Proclo la tesis central que recorre el neoplatonismo medieval, al sostener que *moné, próodos* y *epistrofé* se sitúan no obstante en la procedencia y salida de la causa y en su movimiento de regreso; de tal modo que puede afirmarse que la reunión última de las cosas es la causalidad de la causa activa y perfecta, que, en su liberalidad, decide manifestarse, de tal modo que el ser "categorialmente distinto" remite a la *negatio negationis* del Absoluto, desvelando la eternidad de su llamada a la criatura hacia sí mismo.

En definitiva, el vocabulario empleado para describir el acto divino de la creación conlleva en estos pensadores una ineludible llamada a buscar el propio origen en una conciencia absoluta que ha pensado a la persona desde la eternidad. La palabra eternamente pronunciada es una palabra significativa, esto es, una palabra que da sentido a lo pensado y pronunciado. Por ello el ser humano puede construir y desarrollar su racionalidad de dos maneras. Primero, respondiendo a la llamada originaria de la primera palabra. Segundo, manifestando él mismo las palabras que nombran y miden a las cosas. Estos dos modos de racionalidad conllevan una religiosidad específica que muestra el estar religado (*re-ligere*) del mundo a lo divino.

En Escoto Eriúgena la inteligencia divina actúa como elemento mediador entre la creación y el conocimiento humano; el hombre encuentra en sí mismo el *se ipso* que le une a lo divino. En Hildegarda de Bingen la visión del espejo tiene un cariz a la vez místico y metafísico: el espejo de Dios crea el espejo del hombre. Finalmente, Juan Eckhart reúne las nociones empleadas por Eriúgena y Hildegarda en la idea de "llamada" como idea filosófico-religiosa. En los tres pensadores la religiosidad responde a la concepción de la creación como manifestación.

d. Imagen y causalidad

En tanto que la imagen comporta una relación a la causa en tanto que esta se manifiesta o expresa en aquel, esbozaré a continuación unas reflexiones sobre la causalidad en el contexto en el que nos movemos. Sirvan de apuntes para profundizar en la cuestión de la relación entre la imagen y ca causalidad.

El concepto de causalidad es asociado al de manifestación. Aquí, el problema radical al que se enfrenta el pensar pretende explicar cómo podría Dios comunicar su ser a la criatura y cuál sería entonces la condición de posibilidad de la alteridad. En esta dirección, puede aseverarse que el uso de las nociones de causalidad y manifestación y la temática a ellas relacionada –emanación, procesión, expresión, difusión– contribuyó ya desde el s. IX, a ampliar el discurso filosófico, aportando nuevas ideas o tesis metafísicas en el específico intento especulativo de ofrecer una explicación racional del mundo; su origen, su despliegue múltiple y su finalidad en cuanto retorno a la unidad primera.

Según lo anterior, podríamos sin duda señalar que, en su dimensión teorética, y a mi juicio, el tema más importante al respecto es el problema de la causalidad de las formas en su doble aspecto: a) la producción (emanación, procesión) de la multiplicidad del mundo desde la unidad primera, b) el retorno de lo múltiple a lo uno. El tema se orienta al clásico problema de la relación entre lo uno y lo múltiple, que ha ocupado a toda la filosofía desde Parménides, y que únicamente puede recibir luz para su solución desde un adecuado enfoque de la causalidad.

De un modo más concreto, el problema así enunciado se plantea en los términos de la creación de la nada, y, desde la revelación bíblica, confluyen en los diversos comentarios e intentos de explicación tres pasajes fundamentales y muy conocidos. En primer lugar, el versículo primero del también primer capítulo del libro del Génesis: "En el principio creó Dios el cielo y la tierra", en segundo lugar, y en perfecta consonancia con este, el primer y tercer versículos del Prólogo del Evangelio de Juan: "En el principio existía la Palabra, y la Palabra estaba junto a Dios, y la Palabra era Dios. (…) Todo se hizo por ella y sin ella no se hizo nada", y, por último, el pasaje que ha sido considerado comúnmente como el primer testimonio acerca de la creación de la nada, esto es, el versículo veintiocho del capítulo siete del segundo libro de los Macabeos, en el que la madre se dirige a su hijo menor con estas palabras: "Te ruego, hijo, que mires al cielo y a la tierra y, al ver todo lo que hay en ellos, sepas que a partir de

la nada lo hizo Dios y que también el género humano ha llegado
así a la existencia".

En la interpretación y el intento de explicación racional de estos textos, la idea central y común es que la creación no es sino
la aparición o manifestación del Ser que está más allá de todo ser
y, por tanto, teofanía. De una manera más específica, se instaura
desde ahí el concepto de *unitas* como *aequalitas* para expresar la
generación del Verbo por parte del Padre, y considera a esta como
modelo de toda manifestación divina en el orbe creatura[31]; cuestión esta especial mente clave en el *Tractatus de sex dierum operibus*
de Thierry de Chartres.

En todos los casos se señala la existencia de dos mundos, la
trascendencia del creador del universo; su presencia en todo lo real,
la asimilación a Dios, bien primero y último, como cumbre de la
actividad humana; la imagen de la luz, la cual no es un medio lite-
rario, sino que se expresa bien en la metafísica de la manifestación.

Estos temas contribuyen, por otra parte, y de un modo decisivo, al encuadre de una metafísica de la imagen en la actualidad.

31. W. Beierwaltes, *Einheit und Gleiheit. Eine Fragestellung im Platonismus
von Chartres und ihre Rezeption durch Nikolaus Cusanus, en Denken des Einen,*
Vittorio Klostermann, Frankfurt a. M., 1985, pp. 368-384.

Noética de la imagen. Tomás de Aquino

a. La cuestión 93

La cuestión 93 de la primera parte de la *Suma Teológica* es seguramente el texto más paradigmático para comprender la cuestión de la imagen en Tomás de Aquino. En su escrito "Elementos para una noción de imagen", Elisabeth Reinhardt ha desglosado bien los requisitos y el desarrollo de una filosofía de la imagen en el pensador del XIII.

En primer lugar, la imagen requiere las condiciones de semejanza y origen, pero no basta cualquier semejanza, pues debe ser una *semejanza según la especie* y la figura, tal como se puede decir que en el hijo del rey está la imagen del rey y de una moneda que representa un hombre que es el rey –aunque la especie sea diversa– porque reproduce su figura. La *imago* implica también imitación; donde la imitación se refiere a aquella cualidad que es signo expreso y próximo de la naturaleza y especie de quien es imagen. Esa imitación es una relación que tiene dos extremos: el modelo y la imagen; y es una relación que se encuentra dentro del modo de relacionarse lo mensurable y la medida, es decir *secundum mensurationem ese et veritatis*. El fundamento de este tipo relación está en uno de los extremos: en aquel que es la medida del otro. De aquí pasa Tomás a considerar la imagen de Dios en el orden creado, la *imago creationis*[1].

Destacamos a continuación los textos principales de esta cuestión respecto del tema que nos ocupa.

a1. "Dice San Agustín en el libro *Octoginta trium quaest. Donde hay imagen se da al punto semejanza, pero donde hay semejanza, no hay inmediatamente imagen.* Es decir, la semejanza es algo esencial a la imagen, y ésta añade algo al concepto de semejanza, esto es, el ser sacado de otro, pues se llama *imagen* por hacerse imitando a otro. Ejemplo: Un huevo, por más que sea semejante e igual a otro huevo, no es imagen del mismo, puesto que no procede de él. La igualdad, en cambio, no es esencial a la imagen, porque dice Agustín: *Donde hay imagen, no hay inmediatamente igualdad,* como se ve en la imagen de un objeto en un espejo. Sin embargo, es esencial a la imagen perfecta, a la que nada falta de lo que tiene aquello de lo que está tomada.

Pero es evidente que en el hombre hay una semejanza de Dios y que procede de Él como ejemplar, y que no es semejanza de igualdad, pues el ejemplar es infinitamente superior a lo imitado. Así se dice que en el hombre hay imagen de Dios, pero no perfecta, sino imperfecta. Esto es lo que da a entender la Escritura cuando dice que el hombre está hecho *a imagen de Dios,* porque la preposición *a* indica acercamiento, que sólo es posible entre cosas distantes".

a2. "Para constituir imagen no basta cualquier semejanza, aunque esté tomada de otro. Pues, si sólo es semejanza en el género

---

1. Cf. E. Reinhardt, *La dignidad del hombre en cuanto imagen de Dios. Tomás de Aquino ante sus fuentes*, Eunsa, Pamplona 2005.

o en algún accidente común, no por ello se dice que una cosa es a imagen de otra. Por ejemplo, no puede decirse que los gusanos que nacen del hombre sean imagen suya por la semejanza genérica, ni puede decirse que, si una cosa se hace blanca por asemejarse a otra, sea por ello a su imagen, puesto que la blancura es un accidente común a muchas especies. Para constituir imagen es necesaria la semejanza de especie, como se da la imagen del rey en su hijo, o, al menos, de un accidente propio de la especie, sobre todo la figura, como se da, por ejemplo, cuando decimos que está la imagen del hombre en la moneda. Por eso Hilario dice: *La imagen es una especie no diferente*.

Es evidente que la semejanza específica se toma de la última diferencia. A Dios se asemejan las cosas, en primer lugar, y de un modo muy común, en cuanto que existen; en segundo lugar, en cuanto que viven; finalmente, en cuanto que saben o entienden. Estas, en expresión de Agustín en el libro *Octoginta trium quaest.*, *están tan cerca de Dios por la semejanza, que entre las criaturas no hay ninguna más próxima*. Es evidente que sólo las criaturas intelectuales son, propiamente hablando, a imagen de Dios".

a3. "Podemos hablar de imagen de Dios en un doble sentido. 1) *Primero,* en cuanto a aquello en lo que se considera ante todo la razón de imagen: la naturaleza intelectual. Considerada así, la imagen de Dios se da más en el ángel que en el hombre, porque en el primero es más perfecta la naturaleza intelectual. 2) *Segundo,* puede considerarse la imagen de Dios en el hombre en su elemento secundario, es decir, en cuanto que en el hombre se da cierta imitación de Dios, ya que hombre procede de hombre, como Dios de Dios; y en cuanto que el alma humana está toda en todo el cuerpo y toda en cada una de sus partes, como Dios respecto del mundo. En cuanto a esto y a otros aspectos semejantes, se encuentra la imagen de Dios más plenamente en el hombre que en el ángel.

Pero esto no cuenta para el porqué de imagen divina en el hombre, a no ser que se presuponga la primera imitación por la naturaleza intelectual; pues, de no ser así, también las bestias serían a imagen de Dios. Por tanto, como en lo referente a la naturaleza intelectual el ángel es más a imagen de Dios que el hombre, hay que admitir absolutamente que el ángel es más plenamente imagen divina; y el hombre lo es más en algún aspecto".

a4. "Como quiera que se dice que el hombre es a imagen de Dios por su naturaleza intelectual, lo es sobre todo en cuanto que la naturaleza intelectual puede imitarle del modo más perfecto posible. Y le imita de un modo perfecto en cuanto que Dios se conoce y se ama a sí mismo. De ahí que la imagen de Dios en el hombre puede ser considerada de tres modos. 1) *Primero,* en cuanto que el hombre posee una aptitud natural para conocer y amar a Dios, aptitud que consiste en la naturaleza de la mente; esta es la imagen común a todos los hombres. 2) *Segundo,* en cuanto que el hombre conoce y ama actual o habitualmente a Dios, pero de un modo imperfecto; ésta es la imagen procedente de la conformidad por la gracia. 3) *Tercero,* en cuanto que el hombre conoce actualmente a Dios de un modo perfecto; ésta es la imagen que resulta de la semejanza de la gloria. Por eso, comentando la expresión del Sal. 4,7: *Sellada sobre nosotros está la luz de tu rostro, ¡oh, Señor!,* distingue la *Glosa* una triple imagen: *de creación, de recreación y de semejanza.* La primera se da en todos los hombres; la segunda, sólo en los justos; la tercera, exclusivamente en los bienaventurados".

a6. "Aunque en todas las criaturas hay alguna semejanza de Dios, sólo en la criatura racional se encuentra la semejanza de Dios como imagen, como dijimos, y en las demás se encuentra sólo como vestigio. Pero la criatura racional es superior a las otras por el entendimiento o mente. De ahí que tampoco en la criatura racional se encuentra la imagen de Dios a no ser según la mente. En las demás partes de la criatura racional se encuentra la semejanza de vestigio, como en las demás cosas a las cuales se asemeja por tales partes. El porqué de esto resulta evidente considerando cómo representa el vestigio y la imagen. Esta representa en semejanza específica, como dijimos, mientras que el vestigio representa como efecto que imita su causa sin llegar a la semejanza específica. Por ejemplo, las huellas que dejan los animales en sus movimientos se llaman vestigios; la ceniza es vestigio del fuego; la desolación de la tierra es vestigio de un ejército enemigo.

Por lo tanto, puede verse la diferencia entre las criaturas racionales e irracionales en dos aspectos: en cuanto a la representación en las criaturas de una semejanza de la naturaleza divina, y en cuanto a la representación de la Trinidad increada. En cuanto a la semejanza de la naturaleza divina, la criatura racional parece llegar a constituir una representación específica, en cuanto que imita a Dios, no sólo como ser viviente, sino como inteligente, como dijimos. Las otras criaturas, en cambio, no entienden, pero aparece en ellas un vestigio del entendimiento que las produce, si consideramos su armónica disposición. Asimismo, como la Trinidad increada se distingue por la procesión de la Palabra de quien lo dice, y la del Amor de entrambos, como dijimos, en la criatura racional, en la que se da la procesión de una palabra según el entendimiento y un proceso de amor de la voluntad, puede decirse que se da una imagen de la Trinidad increada según cierta representación específica. En las demás criaturas no se da el principio de la palabra ni la palabra, ni el amor; pero sí se da en ellas cierto vestigio que pone al descubierto su existencia en la causa productora. Pues al tener la criatura una sustancia modificada y finita pone al descubierto que procede de un principio; su especie pone al descubierto la palabra del que la produce, como la forma de la casa pone al descubierto la concepción del arquitecto, y el orden pone al descubierto el amor del principio productor, por el que el efecto se ordena al bien, así como el uso del edificio pone al descubierto la voluntad del arquitecto. Así, pues, en el hombre se encuentra la semejanza de Dios como imagen en cuanto a la mente y como vestigio en sus otras partes".

a8. "La semejanza es cierta unidad, pues lo uno en la cualidad causa la semejanza, como se dice en V *Metaphys*. Pero la unidad, por ser trascendente, es común a todos y puede acomodarse a cada uno, lo mismo que la bondad y la verdad. Por eso, así como la bondad puede referirse a algo particular como predisposición a ello, o como una consecuencia que lo perfecciona, así también la semejanza y la imagen. La bondad es anterior al hombre, en cuanto que éste es un bien particular; y, a su vez, el bien es posterior al hombre, en cuanto que decimos de un hombre en particular que es bueno por la perfección de su virtud. De la misma manera, se considera la semejanza como anterior a la imagen por ser más común que ella, y como algo que sigue a la imagen, porque significa cierta perfección de la misma, pues decimos que la imagen de una cosa es o no es semejante a aquella de la que es imagen según que la representa perfecta o imperfectamente.

Así, pues, la semejanza puede distinguirse de la imagen por dos aspectos. 1) *Primero,* como predisposición a la misma y existente en muchas cosas. Así considerada, la semejanza se mide por lo que es más común a las propiedades de la naturaleza intelectual conforme a las cuales se toma propiamente la imagen. Según esto, dice Agustín en el libro *Octoginta trium quaest. El espíritu,* es decir, la mente, *fue hecho, sin duda alguna, a imagen de Dios; las otras partes del hombre*, lo perteneciente a las potencias inferiores del alma o al mismo cuerpo, *algunos pretenden que hayan sido hechas a semejanza*. En el libro *De quantitate animae* dice que la semejanza de Dios se considera en el alma en cuanto que es incorruptible, porque la corruptibilidad e incorruptibilidad son diferencias del ser en común.

2) *Segundo*, la semejanza puede ser considerada en cuanto significa la expresión y perfección de la imagen. En este sentido escribe el Damasceno: *Lo que es a imagen significa algo intelectual, libre y dueño de sí mismo; lo que es a semejanza significa la semejanza de virtud en la medida en que puede darse en el hombre*. A eso mismo se refiere la otra expresión de que la semejanza pertenece *al amor de la virtud*, pues no hay virtud sin amarla".

b. *Similitudo imaginis*

"Según los filósofos, esta sería la última perfección a la que podría llegar el alma, a saber, que en ella estuviese reflejado todo el orden del universo y las causas del mismo, y en esto tienen que poner también el último fin del hombre, el cual lo ponemos nosotros en la visión de Dios"[2].

"Así pues, todos los entes son expresión de la divinidad por la misma impronta divina impuesta en ellos (*ex impressione divina*), mientras que el hombre posee la *similitudo imaginis*, en tanto que mediante la inteligencia y la voluntad puede acceder a la divinidad"[3].

Los dos textos citados resumen la posición de Aquino con respecto a la cuestión de la imagen, Esta osee dos vertientes; en efec-

2. *De Veritate*, q. 2 a. 2.
3. *S. Th.* I, q. 93, a. 5.

to, por un lado, debe justificar la expresión "imagen" referida a la persona humana, pero, al asociar esta explicación a la perfección del hombre por su conocimiento, debe también explicar la cuestión de la imagen a través de un noética que desarrolla las nociones anteriormente citadas de imagen impresa e imagen expresa. Esto último ha de conllevar un pensamiento acerca del verbo, tanto humano como divino. Las citas que encabeza este capítulo vienen a resumir la concepción tomista según la cual, en la medida en que el hombre es *capax universi* o *capax entis* es, por lo mismo, *capax Dei*. La excelencia del ser humano, en el contexto tomista, reside en que, mediante el conocimiento intelectual, el hombre es, en una primera instancia, capaz de comprender el universo de los entes; en el sentido de que el conocimiento intelectual produce, en el propio cognoscente, una "expresión o manifestación de lo conocido", en tanto que esto conocido está de alguna manera, esto es, inmaterialmente, en el ser que conoce. Y así es como el hombre puede llegar a reunir en sí mismo las diversas perfecciones del universo, dando lugar a la clásica idea del hombre como *microcosmos*. Pero, en último término y fundamentalmente, el conocimiento intelectual otorga al hombre su máxima perfección, porque le permite, además, ser *capax Dei*. Así lo manifiesta de nuevo el mismo Tomás de Aquino en otros lugares. Por ejemplo, al hablar de la vida contemplativa; en primer lugar, la asimila a la contemplación de la verdad, y, en segundo lugar, asemeja esta contemplación a la "especulación" (*speculare*) en la que se refleja la verdad, metafóricamente, como en un espejo. Y sostiene entonces: "ver algo a través de un espejo significa ver la causa a través del efecto, en el que se reproduce la semejanza de la causa"[4]. Para el hombre, conocer las cosas verdaderamente significa conocerlas en su ser causado, y, en última instancia, implica conocer su causa, impresa

---

4. *S. Th.* III-2, q. 180, a. 3, ad 2.

ya, de alguna manera, en el ser mismo de las cosas, y grabada en el hombre a modo de imagen.

Según lo dicho, en la medida en que el conocimiento intelectual produce una semejanza interior del objeto –identificándose cognoscente y conocido–, el conocimiento de la causa absoluta, aunque sea imperfecto y por grados, asimila (*ad similitudinem*[5]) al hombre a esa misma causa. Esto, de entrada, supone una primera comprensión o explicación filosófica del hombre como *ad imaginem Dei*. Y ello, aunque sea más propio sostener que, a través del conocimiento del hombre accedemos más fácilmente al conocimiento del creador y, en el ámbito de la Teología, a través de aquel que no es sólo "a imagen", sino "imagen perfecta", esto es el Verbo encarnado o Cristo. En efecto, Dios se conoce así mismo en un solo Verbo, en el cual expresa y manifiesta perfecta y absolutamente todas las cosas, existiendo en Él las formas ejemplares de todas ellas, en cuanto dichas o expresadas por el Padre, existiendo entonces en el Verbo una referencia fundamental a las criaturas, siendo un modelo de las cosas y expresión de Dios. Vía esta ineludible para comprender la teología y la metafísica de la imagen y que constituye el auténtico fundamento de una antropología integral.

El punto de referencia es aquí la Sagrada Escritura, en la cual, ante la eterna cuestión de la humanidad, el autor del Génesis asegura que Dios creó al hombre a su imagen y semejanza. Desde ahí, la tradición judeocristiana concibió esta noción, "a imagen de Dios" como la clave de su propia antropología. La reflexión de prácticamente toda la filosofía posterior sobre este asunto puede entenderse como la búsqueda de una justificación para el uso de esta noción, y ello para poder hablar con precisión de una relación entre Dios, lo Uno, el Infinito, y la criatura, multiplicidad y finitud. Debía encontrarse una razón metafísica que hiciera posible

5. *S. Th.* I, q. 45, a. 7.

una comparación entre lo infinito y lo finito. La dificultad estriba en encontrar una cualidad común para Dios y la creatura, que haga posible el hablar de una similitud o semejanza entre ambos términos. Esto, en efecto, es necesario, pues si se dice que la creatura debe asimilarse al Absoluto, este, a su vez, deberá parecerse a la criatura. De ahí que, para superar tanto el univocismo como el equivocismo, sea preciso concretar el orden del lenguaje que es conveniente para expresar una tal similitud.

En primer lugar, la noción de "relación" es la que mejor distingue a la criatura del creador: el *esse relativum* y el *esse absolutum*; la criatura como teniendo relación con el mundo y como religada al Dios-creador, pero a un Dios esencialmente "desligado" (*absolutus*), tan profundamente "él mismo", que su propia relación a la criatura es una relación a sí mismo[6]. El universo, a su vez, aparece como orientado hacia Dios, el cual es el arquetipo único de lo múltiple[7] y, objetivamente, permanece fuera de toda similitud, pues es *extra omne genus*[8]. Y ello es así aun cuando, subjetivamente, el conocimiento humano intente una aproximación positiva, con el fin de captar a Dios "como unidad de sus múltiples reflejos en el mundo"[9]. La relación ontológica y, consecuentemente, el conocimiento de la semejanza entre Dios y lo que no es Dios se funda, en el tomismo, en definitiva, en que la unidad de esencia

---

6. *S. Th.* I, q. 13, a. 7, ad 5: "cum ea ratione referatur Deus ad creaturam, qua creatura refertur ad ipsum".

7. *Idem.*, q. 84, a. 2, ad 3: "essentia Dei est perfecta similitudo omnium quantum ad omnia ... sicut universale principium omnium". *Idem.*, q. 13, a. 4, ad 3: "ea quae sunt multipliciter et divisim in aliis, in ipso sunt simpliciter et unite".

8. *De Potentia*, q. 7, a. 7, ad 5, 204 b: "supereminens similitudo rerum".

9. *S. Th.* I, q. 13, a. 4, ad 3: "est unus re et multiplex secundum rationem, quia intellectus noster ita multipliciter apprehendit eum, sicut res multipliciter eum repraesentant".

y existencia que es la creatura es una unidad en la distinción[10], mientras que el ser divino es unidad de esencia y existencia[11]. Por su parte, y a pesar de su religación y dependencia, la creatura posee una verdadera autonomía ontológica, fundada en esa su unidad de esencia y existencia[12]. Y aquí reside, a su vez, la razón por la cual la creatura lleva, en el "yo soy" de la unidad de su ser, una verdadera semejanza con el "Yo Soy" del ser divino ónticamente uno. O también, expresado con otras palabras, si es cierto que la admisión de la composición de esencia y *esse* en las creaturas, las aleja infinitamente del Creador es igualmente cierto que la inmanencia del *esse* participado en las creaturas, comporta la inmanencia de Dios en sus creaturas", y por ello se puede concluir que hay entonces entre Dios y la creatura una semejanza desemejante y una desemejanza semejante. Tomás trata explícitamente el tema de la imagen de Dios en el hombre en la cuestión 93 de su *Summa Theologiae*.

Según Tomás de Aquino, sólo se puede hablar de la similitud de la creatura a Dios *secundum aliqualem analogiam*[13]. Luego, una vez que la semejanza de Dios está fundada sobre la analogía del ser (*analogia secundum esse*), la semejanza de proporcionalidad parece perder aquí su primacía. Tomás de Aquino afronta la distinción entre "vestigio" e "imagen" como la diferencia de "naturalezas" que pueden ser clasificadas en las categorías de género y especie. Sostiene entonces que en la creación se encuentran tres grados de semejanza con respecto a Dios: 1º las criaturas que se parecen a Dios en tanto que existen; 2º las criaturas que se parecen a Dios

---

10. *S. Th.* I, q. 88, a. 2, ad 4: "cum earum quidditas non sit earum esse".
11. *Idem.*, q. 3, a. 4: "sua essentia est suum esse ... quod non sit aliud in eo essentiam quam suum esse".
12. *De Potentia*, q. 3, a. 5, ad 1, 49 b: "Deus ... non intret essentiam rerum creaturam". *De Veritate*, q. 10, a. 11, ad 8, 218 a: "cuilibet creaturae dat proprium modum essendi".
13. *S. Th.* I, q. 4, a. 3.

en tanto que viven; y 3º las criaturas que se parecen a Dios en tanto que entienden. La similitud específica se encuentra en estas últimas; de ahí que sólo la criatura racional pueda ser denominada "a imagen" de Dios[14]: "hay efectos que representan sólo la causalidad de su causa, sin representar la forma de la misma; así representa, por ejemplo, el humo al fuego. Esta es la que se denomina representación de vestigio; pues el vestigio evoca el paso de algún transeúnte, sin indicar detalladamente cuál sea éste. Otros efectos representan a la causa por asimilación con la forma de ésta (*ad similitudinem formae eius*); así representa un fuego a otro fuego, y a Mercurio su estatua. Esta representación es a modo de imagen. En las criaturas racionales, dotadas de entendimiento y de voluntad, se encuentra la representación de la Trinidad a modo de imagen, en cuanto se da en ellas concepción mental y amor originado"[15].

En última instancia, para justificar la aplicación de la noción de "semejanza" en la relación de Dios y su criatura, Tomás ha respondido con las nociones de "causalidad divina" y de "analogía": ambas nociones deben ir unidas para superar el cuadro limitado de las causas aristotélicas. Tomás acentúa la analogía del acto de ser.

Esta doble consideración del conocimiento supera la ofrecida —en el marco de la filosofía griega— por el propio Aristóteles. Al pensador clásico nunca hubiera podido ocurrírsele que el hombre podía acceder al conocimiento de la verdad dirigiéndose a las mismas ideas divinas, pues para él el ámbito del conocimiento intelectual poseía los mismos límites que su propia teoría de la abstracción proporcionaba. Ahora, en cambio, después de la divina revelación, el hombre puede llegar a considerar el mundo desde la ejemplaridad divina.

14. Cfr. *S. Th*. I, q. 93, a. 2.
15. *S. Th*. I, q. 45, a. 8.

Imposible, por otra parte, no encontrar aquí ecos de aquella clásica demostración agustiniana de la existencia de Dios, de la que reproducimos el texto ofrecido en las *Confesiones*: "Pregunté a la tierra y me dijo: 'no soy yo'. Y todas las cosas que hay en ella me confesaron lo mismo. Pregunté al mar y a los abismos y a los reptiles de alma viva y me respondieron: 'No somos nosotros; búscale sobre nosotros'. Dije entonces a todas las cosas que están fuera de las puertas de mi carne: 'Decidme algo de mi Dios, ya que vosotras no lo sois; decidme algo de Él'. Y exclamaron todas con grande voz: 'Él nos ha hecho'. Mi pregunta era mi mirada y su respuesta su apariencia"[16]. Se trata casos de un itinerario de las cosas hacia Dios, desde la propia interioridad de la imagen divina presente en el hombre.

Desde lo alcanzado hasta ahora, podemos sostener que, de un modo general, para los pensadores medievales, el dilema Dios-mundo no desembocaba en una aporía o en una alternativa excluyente, sino que todo el pensamiento del medioevo supone un esfuerzo por articular e integrar –sin confundirlas– la inmanencia y la trascendencia. Y esto es así aun cuando, como hemos visto, esto se haga desde posiciones intelectuales distintas. En efecto, Tomás de Aquino, desde la analogía del acto de ser y la concepción aristotélica del acto y la potencia, sostiene que los seres creados representan y encarnan la perfección divina, pero en grado diverso de participación. Tomás de Aquino, mediante su doctrina de la analogía –que encierra una significación platónica y una significación aristotélica– subraya más la desemejanza entre el Creador y la criatura que la semejanza.

16. *Confesiones*, Lib. X, 6, 9.

c. *Verbum cordis* y *verbum prolatum*

La noción de imagen referida al hombre encuentra en el Aquinate una explicación racional dentro de su teoría del conocimiento. No podía ser de otra manera, pues es por medio del conocimiento y el examen de este que el ser humano puede descubrir la analogía existente entre su ser imagen y el ser imagen idéntica. Ciertamente, la imagen perfecta no es otra que el Verbo divino y por ello Aquino emplea su método propio, que comienza por el estudio de las criaturas, y analiza qué quiere decir, en el entendimiento humano, el verbo o palabra interior y exterior. Para después analizar su analogía con el Verbo divino. De este modo podrá obtener una noción clara del significado del ser imagen, no sólo a imagen, de la persona humana.

La "extensa y difícil cuestión del Verbo" –según la declaración de Alberto Magno– encuentra, en la cuarta de las *Cuestiones disputadas sobre la verdad*, un tratamiento privilegiado. Aunque Tomás de Aquino no desarrolla ahí su entera enseñanza sobre el Verbo, sí que presenta, a través de los ocho artículos que la integran, las conclusiones fundamentales de su pensamiento al respecto.

Podría afirmarse sin reservas que en *De Veritate*, q. 4, se encuentra el núcleo de una metafísica del *Logos*, como doctrina que fundamenta decididamente el mundo en la inteligencia creadora de Dios. Se trata de un importante foco de atención en la especulación medieval, la cual cimenta, desde una novedosa originalidad, los dos senderos emprendidos por el pensamiento antiguo en lo que se refiere a la dependencia del mundo respecto de una primera intelección.

Por un lado, la tesis culminante en el platonismo, según la cual "el cosmos hecho en estas condiciones ha sido producido de acuerdo con aquello que es objeto de intelección y es idéntico a sí mismo"[17]. Y que el primer neoplatonismo recoge en la forma del *Logos*-intelecto, primera hipóstasis proveniente de la Unidad originaria; mezcla, muchas veces del *logos* estoico y de la Sabiduría bíblica. Por otro lado, la metafísica aristotélica del primer intelecto, el cual "entiende lo más divino y lo más noble (...). Por consiguiente, se entiende a sí mismo, puesto que es lo más excelso, y su intelección es intelección de intelección"[18].

Para ambos sistemas, un primer entendimiento se sitúa en el origen del universo; siendo esto lo que hace posible la inteligibilidad del mismo. Por su parte, la novedosa originalidad del medioevo a la que acaba de aludirse implica la incorporación de una doctrina de la creación al cuerpo de estas concepciones metafísicas. E. Przywara ha hablado de una *metafísica creatural* como lo específico de este nuevo horizonte del pensamiento; y, desde el estudio de Tomás de Aquino, ha concluido que el auténtico problema formal de *la* metafísica aboca a la *cuestión sobre Dios y la criatura*. En el tratamiento medieval, la filosofía no encuentra en Dios una suerte de concepto-límite negativo, ante el cual tuviera la razón que volverse sobre sí misma, advertida de la ilusión que supone intentar hallar un más allá de sí; del mismo modo que la criatura no resulta un concepto-límite para la teología, en el afán suyo de hacer inteligible su hablar de Dios. La *creatio*, como respuesta al origen universal del ser, irrumpe en el pensamiento medieval de un modo tal que obliga a replantear muchas de las conclusiones conquistadas en el pensamiento antiguo; pues de ella, en efecto no queda excluida ni siquiera la *materia prima* aristotélica.

Ciertamente, el objetivo último de la investigación sobre el Verbo, ya desde el tratado *De Trinitate* de san Agustín, es teológico; pues trata de escudriñar el sentido de la aplicación del nombre

17. Platón, *Timeo*, 28 c.
18. Aristóteles, *Metafísica* XII, 9, 1074 b, 25-35.

de "verbo" a Dios en la Sagrada Escritura, al referirse a la segunda Persona de la Trinidad. Ahora bien, para esta comprensión se hace necesario un análisis acerca del significado de la noción de "verbo", traducción latina del *logos* griego. Justamente a través de este examen, Tomás va a alcanzar y a explicar su metafísica de la criatura, en la relación que ésta dice al conocimiento creador.

La precisión del lenguaje en este estudio es uno de los grandes logros del Aquinate. Su empeño se ha centrado en averiguar cómo puede hablarse de Dios a partir de ciertos nombres propios del lenguaje humano; indaga así cómo y hasta qué punto tales nombres pueden ayudar al ser humano a entrever las realidades divinas.

Se trata de un asunto de capital importancia en la metafísica tomista. En efecto, si la entera obra de Tomás de Aquino representa un extraordinario esfuerzo por mostrar la capacidad intelectual humana para la consecución de la verdad, resulta imprescindible la precisión conceptual y terminológica. Pues, en efecto, por la constitución de su naturaleza, el ser humano requiere el apoyo en las imágenes sensibles para formar y desplegar su vida intelectual; las palabras adquieren entonces un valor inestimable: sin ellas, la inteligencia humana no haría más que balbucear. Doctor, podríamos decir, de lo invisible, no ha dejado nunca —ni siquiera en sus obras estrictamente teológicas— de acercar la caracterización de lo divino dada por la fe, a las realidades más comprensibles para la persona humana.

El estudio filosófico del nombre de "verbo" se incluye de este modo dentro del contexto teológico mencionado. La Revelación divina, de hecho, ha sido dada a conocer a los hombres empleando palabras cuya significación habitual atañe a realidades humanas. Pues nociones que expresasen exclusivamente la realidad divina en sí misma, resultarían incomprensibles para nuestra inteligencia. Por lo tanto, al hablar de Dios como Verbo, la Escritura insta al filósofo y teólogo que es Tomás de Aquino a una estricta y profunda indagación de lo que debe entenderse por tal noción. La pene-tración en el significado de "verbo" debía conducir, como objetivo último, a una realidad que de otro modo hubiera permanecido enteramente inaccesible.

El verbo es, en la persona humana, la palabra, reflejo de su sabiduría, manifestación del mismo que lo pronuncia, expresión de su inteligencia –por situarse en el término de la actividad in-telectual. Y así el verbo es, desde el inicio, comprendido dentro de la vida intelectual de Dios. Recoge en su significación los dos aspectos de la actividad divina: desde una perspectiva dinámica, es Palabra creadora; y en, la vertiente noética, dice relación a la Sabiduría. Tomás de Aquino mostrará que el Verbo divino no es un *Logos* inactivo, ni una suerte de demiurgo de segundo orden.

Puede asegurarse entonces, en primer lugar, que es a partir de una reflexión teológica sobre el Verbo divino, que Tomás de Aquino recurre a la analogía del verbo mental humano; en segun-do lugar, santo Tomás entiende el verbo mental humano como "palabra interior", y esto quiere decir tanto como lo concebido interiormente o concepto[19], distinguiéndolo de la *species*; para, en tercer lugar, subrayar la diferencia entre la simplicidad del Verbo divino y la multiplicidad discursiva implicada en el verbo mental humano.

Situados en esta perspectiva, es preciso acercarse a la lectura de la cuestión cuarta del *De Veritate* teniendo en cuenta desde el principio una de las conclusiones que ahí se alcanza y que es fruto de la madurez especulativa de santo Tomás. Podemos referirnos a ella acudiendo a su expresión sintética en el breve opúsculo titu-lado *De differentia verbi divini et humani*, que, aunque no ha sido

---

19. *Catena in Io.*, cap. 1, lect. 1: "Formata quippe cogitatio ab ea re quam scimus, verbum est, quod in corde dicimus; quod nec Graecum est, nec Lati-num, nec linguae alicuius".

considerado como auténtico en todos los casos, sí que contiene lo que constituye el vértice de la doctrina tomista en el tema que nos ocupa. El texto que tomamos como referencia alude a la segunda de las tres diferencias que pueden enumerarse entre el verbo humano y el Verbo divino: "nuestro (verbo) es imperfecto, pero el Verbo de Dios es perfectísimo. Porque nosotros no podemos expresar con un solo verbo todas las cosas que están en nuestra alma, y por ello son necesarios muchos verbos imperfectos, por los cuales expresamos separadamente todas las cosas que pertenecen a nuestra ciencia. Pero en Dios no es así. Pues se entiende a sí mismo y a cualquier otra cosa por su esencia y en un único acto; así pues, el único Verbo divino es expresivo de todo lo que es en Dios, no sólo del Padre, sino también de las criaturas"[20]. La ilustración del significado del verbo en lo que constituye la facultad racional humana permitirá comprender la atribución de tal nombre a Dios, y, por lo tanto, el lugar de la criatura en el conocimiento divino. Aunando ambos estudios, esto es, la perspectiva teológica y la estrictamente metafísica, podemos concluir que el *De Verbo* de Tomás de Aquino trata de la manifestación de lo que es conocido y, como veremos, constituido por la inteligencia.

La argumentación en la investigación del de Aquino adquiere de este modo una cierta forma de circularidad: la profundización en el estudio del verbo referido a la realidad humana admite alcanzar una mejor comprensión del Verbo divino; a la vez que la penetración en el misterio trinitario permite la elaboración de una metafísica que se inscribe ya en un contexto creatural. La analogía como método aparece como la herramienta indispensable en esta empresa especulativa.

En las *Quaestiones disputatae* del siglo XIII el método mencionado es el habitual. En efecto, si el objetivo último es teológi-

---

20. Tomás de Aquino, *De differentia verbi divini et humani*, n. 292.

co, se recurre –tanto en las objeciones como en las respuestas– a argumentos filosóficos, y ello en razón del propio género de la *disputatio* medieval, donde la verdad es descubierta, enseñada o adquirida por medio de la confrontación de argumentos que provienen de la tradición y de la razón; digamos igualmente, que si los datos iniciales provienen tanto del mundo sensible como de la revelación divina, es a causa del fundamento mismo de la filosofía de Tomás de Aquino, la cual se basa en el ser y en la analogía del ser. En esta perspectiva, la realidad divina y la realidad humana, unidas por medio de una relación de analogía que implica a la vez semejanza y trascendencia, pueden esclarecerse mutuamente. La investigación en la analogía que supone el verbo mental permitirá comprender la imagen de Dios en el hombre: y de este modo habrá de enriquecerse tanto el estudio sobre el ser humano como nuestro saber acerca de Dios.

Queda claro por lo expuesto que Tomás no trata de demostrar racionalmente que en Dios haya un Verbo personal. Más bien intenta explicar, a la luz de la razón natural, una verdad revelada y que se halla expresada en los primeros versículos del Evangelio de Juan: "Al principio era el Verbo; el Verbo era junto a Dios; el Verbo era Dios". Para alcanzar una cierta comprensión racional de este dato revelado, se hace necesario recurrir a las nociones metafísicas que se hallan al alcance de nuestro conocimiento natural y a cuya semejanza podemos comprender los nombres divinos: "Ningún modo de procesión de las criaturas representa perfectamente la generación divina (...). Sin embargo, lo que mejor la representa es la procesión de la palabra que brota del entendimiento"[21]. Se trata de un *conocimiento creatural* de Dios, el cual depende de la propia condición de creado del intelecto humano y de que el acceso al Absoluto tiene a lo creado como punto de partida.

21. *S. Th.*I, q. 42, a. 2, ad 1.

Precisamente, la noción de "verbo" se encuentra en el análisis de todo proceso cognoscitivo racional. De ahí que la comprensión del Verbo divino incluya una consideración detenida de la naturaleza del conocimiento humano y la producción, por parte de éste, de un verbo o concepto mental, requerida en todo acto de conocer. Esta será precisamente una de las primeras conclusiones alcanzadas en la cuestión cuarta del *De Veritate*: toda acción de entender requiere un verbo, verbo que es término de la misma y donde halla su cumplimiento la operación intelectual[22].

Desde lo expuesto, se entiende que la cuarta de las *Cuestiones disputadas sobre la verdad* trata a la vez del verbo humano y del Verbo divino. B. Jollès ha observado con acierto que en la cuarta cuestión del *De Veritate* el estudio de Tomás de Aquino responde al plan siguiente: en primer lugar, investiga el Verbo en el seno de la Trinidad (a. 1, a. 2 y a. 3). En segundo lugar, considera la relación del Verbo a la creación (a. 4 y a. 5). Y, en tercer lugar, trata de la existencia de las criaturas en el Verbo (a. 6, a. 7 y a. 8); haciendo a su vez referencia a los textos paralelos más importantes[23]. Por nuestra parte, y dentro de esta división, encontramos, encontramos, en los ocho artículos que la integran, en ella un doble núcleo temático.

Por un lado, la cuestión del conocimiento, en su dimensión de manifestación de aquello que es conocido por la inteligencia; aspecto desde el cual –se establece desde el primer artículo– el Verbo de Dios puede ser llamado verbo en sentido propio. Pues en efecto,

---

22. *De Veritate*, q. 4, a. 2, resp.: "El verbo de nuestro intelecto, por cuya similitud podemos hablar del verbo divino, es aquello en lo que termina la operación de nuestro intelecto"; *De Potentia*, q. 8, a. 1: " (...) ipsum intelligere compleri non possit sine verbo praedicto".
23. Me refiero especialmente a: *Suma Teológica* (*S. Th.*), q. 34, a. 1, a. 2 y a. 3; *Comentario al Evangelio de san Juan*, cap. 1; *De potentia Dei*, q. 9, a. 5 y a. 9; *Suma contra los gentiles* (*SCG*), lib. IV, cap. 13.

sea aplicado a Dios o a los hombres, el nombre de verbo implica, no solamente origen o procesión, sino también conocimiento y manifestación. El verbo es principalmente aquello que es conocido y expresado intelectualmente. Conocimiento y expresión son ilimitados en el Absoluto, limitados cuando se considera la inteligencia humana. En el artículo tercero se subraya particularmente que el verbo conlleva manifestación porque procede del intelecto. En el artículo séptimo se explica cómo en el verbo algo es expresado. En el artículo cuarto advierte Tomás de Aquino que la expresión del *Verbum Dei* se refiere a la ciencia ilimitada del Absoluto, en la cual se conoce a sí mismo y conoce la creación entera; para después estudiar la referencia a la criatura que comporta el nombre de verbo. Se establece entonces la distinción –crucial en la doctrina del verbo– entre relaciones reales y relaciones de razón.

Por otro lado, pero en íntima conexión con lo anterior, Tomás de Aquino investiga acerca de la existencia de la criatura en el Verbo. Abordando de este modo el tema –eje central en la metafísica medieval– del estatuto eterno de la criatura. Los cuatro últimos artículos de la cuestión que nos ocupa se incluyen dentro de esta temática. Con ello queda además completado el estudio de la relación Dios-criatura desde la perspectiva del Verbo. Se concluye finalmente que puede hablarse de una verdad eterna del ser creado, en cuanto se lo considera como similitud en el Verbo: el Verbo es similitud ejemplar para la criatura; mientras que esta última es, con respecto del Verbo, similitud imitativa. Una clave especial para la comprensión de la imagen.

De este modo se expresa en el primer artículo de cuestión *Acerca del Verbo*:

"Imponemos los nombres según el conocimiento que tenemos de las cosas. Y en la medida en que la mayor parte de las veces las (cosas) que son posteriores por naturaleza son más conocidas por nosotros, ocurre frecuentemente que en la imposición del nombre a dos cosas, el nombre se encuentra a veces antes en una de las dos, mientras que la realidad significada por el nombre existe con prioridad en la otra; lo cual es manifiesto en los nombres que se dicen de Dios y de la criatura, como ente, bueno, y otros semejantes, los cuales fueron impuestos en primer lugar a las criaturas, y de éstas fueron después trasladados para predicarse de Dios, aunque el ser y el bien se encuentran ante todo en Dios. Por esa razón, en la medida en que el verbo exterior, siendo sensible, es más conocido por nosotros que el interior, por la asignación del nombre en primer lugar es denominado verbo el vocal antes que el interior, aunque en el orden de la naturaleza sea primero el verbo interior, en cuanto es causa eficiente y final del exterior. Es causa final porque el verbo expresado es emitido por nosotros para que el verbo interior sea manifestado, por lo que es necesario que el verbo interior sea aquello que es significado por el verbo exterior. Pero el verbo que es proferido exteriormente significa lo que es conocido, no el mismo acto de entender, ni el entendimiento que es un hábito o una potencia, sino en cuanto estos son entendidos; de donde se sigue que el verbo interior es lo mismo entendido interiormente. Y es causa eficiente, porque el verbo proferido exteriormente, en tanto que es significativo según convención, tiene como principio a la voluntad, igual que las demás cosas artificiales; y así como para las demás cosas artificiales preexiste en la mente del artífice una imagen del producto exterior, así en la mente del que profiere el verbo exteriormente preexiste un ejemplar de tal verbo exterior. Por lo mismo, así como en el artífice consideramos tres cosas, a saber, el fin del artífice, el ejemplar y el propio efecto ya producido; igualmente, en el que habla se encuentra un triple verbo, a saber, aquel que es concebido por el entendimiento, que para significarlo es producido el verbo exterior: y este es el verbo del corazón pronunciado sin voz; después, el ejemplar del verbo exterior, que es llamado verbo interior y tiene la imagen de la voz; y, por último, el verbo expresado exteriormente, que es denominado verbo vocal. Y así como en el artífice precede la intención del fin, viene después la invención de la forma de la obra y en último lugar la obra es llevada al ser, así también el verbo del corazón en el que habla precede al verbo que tiene la imagen de la voz, y viene en último lugar el verbo de la voz.

De lo anterior se sigue que, en la medida en que el verbo de la voz es alcanzado corporalmente, no puede decirse de Dios sino metafóricamente; esto es, como son llamadas verbo suyo las mismas criaturas producidas por Dios, o el movimiento de las mismas, en cuanto designan al entendimiento divino como el efecto a su causa. Por ese motivo, el verbo que tiene la imagen de la voz tampoco podría decirse propiamente de Dios, sino tan sólo metafóricamente, así como se denomina verbo de Dios a las ideas de las cosas que han de ser hechas. Pero el verbo del corazón, que no es otra cosa que lo que es considerado en acto por el entendimiento, puede ser atribuido a Dios propiamente, porque es completamente ajeno a la materialidad, a la corporeidad y a todo defecto; y las cosas que son de este modo se dicen de Dios propiamente, como la ciencia y lo sabido, el entender y lo entendido".

Con este estudio, Tomás de Aquino se sitúa dentro de una larga tradición medieval. Tiene en efecto en cuenta a otros autores cristianos más antiguos, como Agustín, Anastasio de Antioquía, Juan Damasceno y Anselmo; pero también contemporáneos, como Alberto Magno o Buenaventura[24]. Con todos ellos, distingue tres clases de verbo, que suponen otras tantas etapas en el acto de decir en el hombre: *verbum cordis, verbum exemplar exterioris vocis* y *verbum vocis*: "Así pues, en primer lugar y principalmente se denomina 'verbo' a la concepción interior de la mente; en segundo

24. Cf. I. León, *El arte creador en San Buenaventura. Fundamentos para una Teología de la Belleza*, Eunsa, Pamplona 2016.

lugar, se llama 'verbo' a la misma voz que expresa lo concebido interiormente; en tercer lugar, se llama 'verbo' a la misma imagen que forma la voz"[25]. La cuestión cuarta del *De Veritate* no se centra ni en el verbo que es imagen de la voz (palabra interior), ni en el verbo de la voz (palabra exterior). Se refiere a la primera acepción, *verbum cordis* o *verbum rei*, último en el acto de la intelección, y primero en el orden del decir exterior. Tomás de Aquino se refiere también a él como: *verbum mentis o mentalis, verbum interius, intentio rei intellecta, conceptio intellectus, conceptus*[26].

Solamente el verbo interior puede ser atribuido a Dios en sentido propio, mientras que los otros verbos se pueden decir de Él sólo en un sentido metafórico, como cuando se dice que las criaturas son las palabras exteriores de Dios (a. 1)[27]. Y es atribuido a Dios personalmente, no únicamente de modo esencial (a. 2). Este aspecto, más la tesis de que "verbo", propiamente, hace referencia a una producción (generación, *processio* y *emanatio*) intelectual, es lo que impide denominar, de modo propio, "Verbo" a la tercera Persona de la Trinidad (a. 3). En el Verbo de Dios se encuentra la verdad de toda criatura, aunque a esta última se relaciona sólo consecuentemente y casi accidentalmente: estableciéndose así una relación de razón (a. 4 y a. 5). A pesar de esta relación cuasi accidental, las cosas, según esta doctrina de la fundamentación del mundo en el *Logos* divino, se encuentran con más en el Verbo que en sí mismas. Se expone a partir de ahí la diferencia entre la verdad de la cosa y la verdad de la predicación (a. 6). En el Verbo existe de este modo lo que ha de ser hecho, por donde se advierte una clara diferencia entre las ideas divinas (a. 7) y el Verbo, que implica la

---

25. *S. Th.* I, q. 34, a. 1, sol.; cfr. *De Veritate*, q. 4, a. 1, sed contra 2.

26. Cfr. *S. Th.* I, q. 27; q. 34, a. 2, ad 3; q. 42, a. 2, ad 1.

27. *De Veritate*, q. 4, a. 2, resp: De ese modo 'verbo' se dice metafóricamente, "como cuando se dice que la misma criatura es verbo de Dios".

potencia operativa. Por este su modo de ser en Dios, se dice que la criatura es vida en el Verbo (a. 8).

d. Similitud y ejemplaridad

Cuando en el artículo que abre la cuestión sobre el verbo, el Aquinate se interroga acerca de *si en Dios el verbo se dice en sentido propio*, responde en primer lugar que a esta pregunta debe contestarse a partir de la noción de verbo interior, de la cual toma el nombre la palabra pronunciada con la voz. Establece desde entonces que "el verbo interior es lo inteligido interiormente", "lo concebido por el intelecto", "lo considerado en acto por el intelecto". Así entendido, se atribuye propiamente a Dios "porque es completamente ajeno a la materialidad, a la corporeidad y a todo defecto; y las cosas que son de este modo se dicen de Dios propiamente"[28]. Perfecta interioridad o inmanencia e inmaterialidad son las características que, de entrada, determinan la analogía entre el concepto humano y el Verbo divino; a la vez que definen lo más característico del conocimiento intelectual del ser humano, esto es la inmaterialidad del conocer, que es la capacidad del cognoscente para recibir inmaterialmente la presencia de lo conocido, y la capacidad de lo cognoscible para estar inmaterialmente presente en el cognoscente. Hay una correspondencia rigurosa entre conocimiento e inmaterialidad.

La cuestión de la intelección y del verbo mental es, de una manera bastante típica, una de las que han sido más abundante y diversamente abordadas y tratadas en la escuela tomista. No es la intención en este momento explicitar la entera metafísica del conocimiento subyacente a la doctrina del concepto en santo Tomás;

---

28. *De Veritate*, q. 4, a. 1, resp.

sino más bien presentar aquellos elementos de la noética tomista que permitan dilucidar lo que se ha tildado de *metafísica del Logos*, en orden a comprender el lugar o estatuto de la criatura en el conocimiento del Absoluto.

La tesis central alcanzada en el *De Verbo* resume ya el pensamiento de madurez de Tomás de Aquino y, por decirlo así, concluye las especulaciones medievales anteriores sobre el verbo mental. El verbo es la concepción intelectual, lo concebido por la inteligencia y que está destinado a ser proferido. La palabra interior procede de un ser inteligente y se dirige al mismo ser inteligente para manifestarle algo, a saber, la cosa concebida por el mismo manifestante. Esta proposición incluye dos elementos. Primero, el verbo es aquello que es pensado en acto por el intelecto; y, en su dimensión de lenguaje interior del pensamiento, requiere ser manifestado. Y el verbo es además *procedens ab alio*; por lo cual mantiene una distinción real con aquello que lo engendra: "El mismo concepto mental implica procedencia de otro, esto es, del conocimiento del que concibe"[29]; o, de un modo sintético: "El verbo comporta la manifestación y también un proceso real de una cosa a partir de la otra"[30].

Es doctrina tomista que la razón de manifestación se encuentra siempre ligada, *per se*, a la actividad intelectiva[31]; y compete máximamente a la noción de verbo. Ordinariamente –considera Tomás de Aquino– la noción de manifestación suele ir ligada a la palabra pronunciada por medio de la voz. Sin embargo, recuerda el Aquinate, esa manifestación va precedida de otra, que es "la manifestación a sí mismo", la cual "se hace por medio del corazón, y esta manifestación precede a la otra; y por ello el verbo interior

---

29. *S. Th.* I, q. 34, sol.
30. *De Veritate*, q. 4, a. 2, ad 1.
31. Cf. *De Veritate*, q. 4, a. 3, resp.

es denominado verbo prioritariamente"[32]. Entonces, y de modo análogo, así como el verbo interior manifiesta al cognoscente, el Verbo divino es la manifestación de Dios mismo; de ahí que "el Verbo eterno se compara al verbo del corazón según la verdadera naturaleza del verbo interior"[33].

Por otra parte, la procedencia o *processio* que supone el concepto es entendida como una *emanatio intelligibilis*; para mostrar esto, recurriremos ahora a un texto más largo de la *Suma Teológica*: "La acción que permanece en el mismo agente es una procesión en el propio interior. Esto se da sobre todo en el entendimiento, cuya acción, entender, permanece en el que entiende. Pues quien entiende, por el hecho de entender, realiza un proceso en sí mismo, que es el de concebir lo conocido como algo que proviene de la potencia intelectiva y de su conocimiento. Esta es la concepción que aflora con el verbo, y que es llamada verbo del corazón, expresado con la voz. (...) Por lo tanto, no hay que entender la procesión como se da en los seres corporales (...), sino como la emanación inteligible, como la palabra que permanece en el mismo que la dice"[34]. *Processio* y *emanatio* indican que la producción del verbo interior o concepto se sitúa al final de un proceso intelectivo que, en el caso del ser humano, tiene su inicio en el conocimiento sensible.

A este propósito, B. Lonergan ha señalado, a mi juicio con acierto, que la doctrina tomista del verbo interior requiere, para su correcto entendimiento, la rectificación de la teoría del conocimiento platónica. Pues en efecto —señala este autor— uno de los elementos principales para la elaboración de la noción de verbo o palabra interior, supone la aceptación de la tesis de la abstrac-

---

32. *De Veritate*, q. 4, a. 1, ad 5.
33. *De Veritate*, q. 4, a. 1, ad 12; cf. *idem.*, a. 1, ad 6.
34. *S. Th.* I, q. 27, a. 1, sol.

ción. Supone, además, a partir de ahí, una distinción entre las cosas reales y lo entendido en acto por el intelecto; se trata de la diferencia entre *res intellecta* y *intentio intellecta*: esta última "es lo que el entendimiento concibe en sí mismo de la cosa entendida.

En nosotros, no se identifica con la cosa que entendemos ni con la sustancia de nuestro entendimiento, sino que es una cierta semejanza de lo entendido, concebida por el entendimiento y expresada por las palabras; por eso la idea entendida se llama *verbo interior*, el cual es expresado por la palabra exterior"[35]. Esta distinción entre "lo entendido" y "la cosa que entendemos", permite a su vez comprender que el verbo interior o concepto es el medio por el cual el entendimiento accede a conocer las cosas: en este sentido, puede decirse que la palabra interior ejerce un cierto papel de intermediario entre las palabras exteriores y las realidades significadas[36], o también, entre el intelecto y las cosas que son comprendidas. De hecho, la interioridad o inmanencia correspondiente al término del acto intelectivo no implica en Tomás de Aquino la clausura del sujeto cognoscente en una suerte de *esse obiectivum*; antes bien, inmanencia se corresponde aquí con trascendencia o intencionalidad: tal es el sentido manifestativo o expresivo que corresponde al verbo mental. He aquí un texto clave contenido en la cuestión que nos ocupa: "El concepto intelectual es medio entre el intelecto y la cosa conocida, porque mediante él la operación intelectual alcanza a la cosa; y por ello la concepción del intelecto no es solamente lo que es conocido, sino también aquello por lo que la cosa es conocida; por lo cual se puede decir que lo conocido es a la vez la cosa misma y la concepción intelectual"[37].

---

35. *SCG*, lib. IV, cap. 11.
36. *De Potentia*, q. 9, a. 5, resp.: "vox exterior significat conceptum intellectus quo mediante significat rem".
37. *De Veritate*, q. 4, a., 2, ad 3.

El verbo interior, se distingue entonces del acto de comprender: es su efecto y producto y, en cuanto tal, es una expresión del contenido mismo del acto cognoscitivo. En el caso de Dios, el Verbo es expresión "de todo aquello que está contenido en la ciencia del Padre", y, por medio de él, "se expresa toda criatura"[38]; y, de un modo general, el verbo "manifiesta lo que está en el intelecto"[39].

Esta manifestación surge al final de un proceso o conquista intelectual, lo cual constituye un elemento central en la elaboración definitiva de la doctrina del verbo mental. Más específicamente, situar el verbo en el término de la actividad intelectual, implica distinguirlo de la *species*. Aunque este asunto no es tratado *como tal* en la cuestión del *De Veritate* que nos ocupa, evidentemente, es un elemento que se ha tenido en cuenta al dar la definición de verbo interior; además es un asunto que ha entretenido largamente a la interpretación de la noética tomista. Por ambos motivos, conviene a continuación señalar los rasgos definitorios en lo concerniente a la distinción entre la *species* y el *verbum*.

A este respecto, cabe señalar que la doctrina contenida en el *De Veritate* acerca del verbo como término de la operación de entender, supone ya la distinción clara entre el verbo mental y los otros elementos que concurren en el proceso intelectivo: la cosa conocida, la especie inteligible, la intelección y la concepción intelectual. La especie inteligible se sitúa al principio de la acción del intelecto; mientras que ya el *De Verbo* sostiene que el verbo o concepto se halla al término de la operación y es además constituido por ella[40]. El verbo no es, en efecto, ni la potencia intelectual, ni la especie

38. *De Veritate*, q. 4, a. 4, resp., y ad 5. Ver también: *Idem.*, a. 5 ad 1: El verbo conlleva de suyo procesión del intelecto.

39. *De Veritate*, a. 3, ad 4.

40. *S. Th.* I, q. 67, a. 1 sol: La luz se emplea de modo propio "para todo aquello que permite cualquier tipo de conocimiento". *S. Th.* I, q. 39, a. 8: "El Hijo, en cuanto es Verbo, es luz y esplendor del intelecto".

del objeto por la cual conoce, ni la operación misma o intelección. Pues ninguno de estos elementos es lo significado por la palabra exterior, ni es causa eficiente de ella. El verbo es aquello que forma el cognoscente al inteligir, causa eficiente y final de la palabra de la voz. El verbo interior se compara así al intelecto como aquello *in quo* en tiende, porque en su propia expresión ve o contempla la naturaleza de la cosa entendida. A partir de la especie iluminada por el intelecto agente, el entendimiento humano conoce en un *dictum* pronunciado en la luz.

La función de la especie es llevar o informar al intelecto de la inteligibilidad de la cosa conocida. De tal modo que la especie no es lo conocido (*quod intelligitur*), sino aquello por lo que el intelecto comprende (*medium quo, medium cognoscendi*); por ello no es un producto del entendimiento, sino que resulta del fantasma iluminado por el intelecto agente. la procedencia etimológica de *species*. La emparenta con *specere*, ver, y *respicere*, mirar; lo cual quiere decir que tiene relación con la mirada, y designa los caracteres que permiten reconocer un objeto. *Species* traduce el griego *eidos*, que designa la representación, la imagen o idea de una cosa. En Aristóteles *eidos* significa la forma (*Metafísica*, lib. 5, 2, 1013 a).

Ciertamente, lo conocido se halla en el cognoscente al principio mismo del acto de conocer, por mediación de la especie, la cual quiere designar en santo Tomás la semejanza o similitud inteligible y abstracta (en el caso del conocimiento intelectual); pero, por otra parte, lo conocido no es manifestado al cognoscente más que tras la dicción del verbo: "Según el Aquinate, el proceso de objetivación, en razón misma de su inmanencia, nace con estas formas (sensibles o inteligibles) intencionalmente presentes en el cognoscente para informarle de la realidad de las cosas. Ciertamente, éstas son similitudes inmateriales y objetivantes de la cosa en lo que ella tiene de cognoscible para los sentidos y para el intelecto, pero no son aún la perfecta imagen, la cual no puede de

hecho encontrarse más que al término del acto del conocimiento.
El carácter mediador de la especie resulta fundamental en esta
metafísica realista del conocimiento, pues es el medio por el cual
el objeto informa al intelecto humano, quien, por su característica
constitución, no puede ser informado directamente por la cosa
misma; mediación que no será necesaria en Dios, quien conoce
por su propia esencia.

Pues bien, en su especulación de madurez, Aquinas sostiene
que la intelección se realiza cumplidamente y culmina en la dicción (interior) de un verbo, en el que se expresa la cosa conocida,
manifestándose al que la conoce. Recurriremos de nuevo a un texto de la *Suma Teológica* sumamente revelador para comprender las
conclusiones contenidas en la primera parte de la cuestión cuarta
del *De Veritate*: "Es como el entendimiento del hombre, que con la
palabra (verbo) que concibe al conocer la piedra, está diciendo piedra. Anselmo (*Monologion*, c. 62) aquí también usa impropiamen-
te *decir* por *conocer*. Pues se diferencian; ya que *conocer* (*intelligere*)
entraña sólo la relación entre el que conoce y lo conocido, en lo
cual no hay ninguna razón de origen, sino sólo cierta información
para nuestro entendimiento en cuanto que nuestro entendimiento
está en acto por la forma de lo conocido. (...) Pero *decir* (*dicere*)
expresa relación principalmente con el verbo concebido; pues decir
no es más que pronunciar el verbo. Pero, mediante, el verbo, *decir*
presupone relación con lo conocido, que, en la palabra pronunciada, se manifiesta al que lo conoce"[41]: la verbalización mental
supone aquí el término de un proceso abstractivo de intelección.
Este término es distinto de la especie inteligible, la cual pone al
entendimiento en acto y debe ser tenida como principio de la ope-

---

41. *S. Th.* I, q. 34, a. 1, ad 3. *Idem.*, a. 2, sol.: *Verbum significat enim qua-
mdam emanationem intellectus.*

ración intelectual. Aunque tanto la especie y como el verbo son ciertamente una semejanza del objeto entendido[42].

La inmanencia de este proceso de intelección requiere que la acción cognoscitiva permanezca en quien entiende[43]; el sujeto cognoscente realiza un proceso en sí mismo, que culmina en la concepción de la cosa. La comprensión del verbo como *dicción interior* es justamente aquello en lo que el teólogo podrá apoyarse para mostrar –respetando las reglas del método analógico– cómo la segunda Persona de la Trinidad puede ser llamada Verbo[44]. Teniendo en cuenta nuestra intención en este estudio, diremos que el entendimiento absoluto no conoce por medio de especie alguna, sino por su propia esencia. Esta, la esencia divina, deberá entonces entenderse como *similitudo omnium rerum*[45]; expresión que insta al filósofo a indagar el significado de esta *similitudo* de todos los seres en el conocimiento creador.

Acaba de mostrarse la necesidad de la mediación de la especie inteligible en lo que se refiere al principio formal de la operación intelectual en el ser humano[46]; por ese motivo se afirma que el objeto conocido se halla en el entendimiento humano por su similitud o semejanza[47].

La mediación de la especie, sin embargo, no es necesaria, absolutamente hablando, en toda intelección, sino que solamente es propia en el hombre, en quien su inteligir no es su propia esencia; y este es además el motivo por el que el verbo formado por el

---

42. Véase al respecto el texto fundamental de *SCG*, lib. I, cap. 53.
43. Cf. *S. Th.* I, q. 27, a. 1, sol.
44. Cf. *SCG*, lib. IV, cap. 11.
45. *SCG*, lib. IV, cap. 53.
46. *SCG*, lib. I, cap. 46: "Species enim intelligibilis principium formale est intellectualis operationis: sicut forma cuiuslibet agentis principium est propriae operationis".
47. Cfr. *S. Th.* I, q. 85, a. 2, sol. y ad 1.

intelecto humano "no contiene en él la totalidad de lo que existe en aquello de lo que proviene, (...) sino solamente algo de ello"[48].

En Dios, sin embargo, primer principio absolutamente simple, el Verbo debe expresar todo aquello que está contenido en su ciencia, que no puede ser sino la propia esencia divina: "si el entendimiento divino entendiera mediante una especie inteligible que no fuera su propia esencia, habría otra cosa que sería principio y causa de la esencia divina"[49]. En el Absoluto, lo mismo son el pensar y el ser.

Se entiende desde lo anterior que Tomás de Aquino sitúe en esa identidad que supone el entender divino el origen de todo lo creado, pues no es posible, en la metafísica, concebir un origen más allá de la identidad originaria de ser y pensar. Desde esta proposición, podemos acercarnos a uno de los textos centrales de nuestra cuestión cuarta, en el cual se declara el lugar de lo creado en el conocimiento absoluto: "Es necesario que todo aquello que está contenido en la ciencia del Padre sea expresado con un solo verbo, y ello en el modo en que está contenido en la ciencia, de modo que sea un verdadero Verbo correspondiente a su principio. Ahora bien, con su ciencia el Padre se conoce a sí mismo y, conociéndose, conoce todas las otras cosas. Por ello su Verbo expresa al mismo Padre principalmente, y consecuentemente a todas las otras cosas que el Padre conoce conociéndose a sí mismo; y así el Hijo, por ser un Verbo que expresa perfectamente al Padre, expresa a toda criatura"[50]. Podemos asegurar que, con estas afirmaciones, el Aquinate ha pensado profundamente acerca del fundamento radical de todo lo creado. Situando el mundo en la esencia divina, explicará desde ahí la triple causalidad (eficiente, final y ejemplar) que funda al ente finito.

---

48. *De Veritate*, q. 4, a. 4, resp.
49. *SCG*, lib. I, cap. 46.
50. *De Veritate*, q. 4, a 4, resp.

Se trata de un tema recurrente en la vertiente metafísico-teológica de la doctrina del Verbo en santo Tomás: situar en Dios mismo el propio ser de las cosas; *contineri, comprehendi, conservari*, son términos utilizados para el origen radical de las cosas en la esencia divina. Se trata además de una tesis presente de modo habitual en los pensadores medievales cristianos: todo ser existe paradigmáticamente, a modo de idea ejemplar, en Dios: "El Padre contiene en su ciencia a toda criatura, en cuanto ejemplar de toda criatura"[51]. Se trata de una transformación radical del platonismo: pues la esencia de Dios es Dios mismo, y no un mundo modélico; de ahí que el Verbo no pueda ser considerado como medio entre Dios y la criatura, sino que es Dios mismo, perfecta expresión del conocimiento divino.

El Verbo contiene entonces en él cada idea o forma de las criaturas, denominada también *similitudo creaturae*: esta similitud de la criatura en el Verbo, no debe tomarse en el sentido de una "imagen", sino más bien en el sentido de "modelo" o "ejemplar", pues se halla en el origen del ser y del movimiento de la propia criatura. Tal similitud puede ser llamada en cierto sentido *vida de la criatura en el Verbo*[52]. Una tal existencia de las cosas en el Absoluto no niega el ser de las mismas. Ciertamente, los seres no existen en Dios según su singularidad o individualidad; pero encuentran en el entendimiento creador el auténtico fundamento de su verdad y, por tanto, de su realidad. Esta tesis, nuclear en la metafísica tomista, no derivará en modo alguno en una suerte de devaluación o desvalorización del mundo sensible, como intentará mostrarse a continuación.

Con esta doctrina, en efecto, Tomás de Aquino sostiene la constitución –eterna– de la criatura en el Verbo de Dios, en

---

51. *De Veritate*, q. 4, a. 4, ad 1.
52. Cf. *De Veritate*, q. 4, a. 4, ad 2; a. 8, resp., y ad 4.

cuanto *similitud ejemplar*, siendo, en la realidad actualmente existente, una *similitud imitativa* de su origen. Así pues, la doctrina tomista del Verbo, además de responder al tema propiamente teológico de la Trinidad, ofrece una respuesta estrictamente metafísica a la cuestión del origen primero de la criatura: "El Verbo es una similitud de la criatura, no como su imagen, sino como su ejemplar"[53].

Según la metafísica del Aquinate –que recoge en este punto una larga tradición medieval– Dios se expresa en su Verbo, el cual a su vez no es sino la expresión de la esencia divina; en el Verbo se halla asimismo la expresión del universo, de todas las criaturas según el modo que corresponde a cada una esencialmente[54]. Es en esta metafísica medieval donde puede sostenerse sin reservas la tesis de que la expresión de la identidad (Dios) causa propiamente la alteridad subsistente del ser finito; sin que, a su vez, en ningún momento quede este último, por así decir, desgajado de su primer principio. Pues en efecto, la doctrina de la creación desde el Verbo implica la inmanencia como elemento inseparable de la trascendencia de la causalidad. Esto es así desde el momento en que se afirma que toda criatura es expresada en el Verbo con el cual Dios "se dice a sí mismo"[55].

Se establece así una estrecha articulación entre el ser de las cosas de las cosas en el Absoluto creador y el ser de las cosas en sí mismas, siendo inseparables una y otra concepción en la

---

53. *De Veritate*, a. 4, ad 2.
54. Tomás de Aquino, *S. Th.* I, q. 34, a. 3, sol.: "Dios con un solo acto se conoce y lo conoce todo, su Verbo es expresivo no sólo del Padre, sino de toda criatura. Y así como la ciencia de Dios con respecto a Dios es sólo cognoscitiva; y con respecto a las criaturas es cognoscitiva y efectiva, así también el Verbo de Dios con respecto a Dios Padre, es sólo expresivo, y con respecto a las criaturas es expresivo y operativo"; *idem.*, q. 35.
55. *De Veritate*, q. 4, art 4, resp. y ad 1.

consideración de la relación entre ambos extremos. Pues "aunque el ser de las criaturas en el Verbo y (el ser) que poseen en sí mismas no tienen el mismo carácter según la univocidad, tienen en cambio y en cierto modo el mismo carácter según la analogía"[56]. En este punto, Tomás de Aquino toma una doble posición con respecto al platonismo. En primer lugar, unifica la pluralidad de las ideas platónicas, situándolas en la mente divina: "así como Platón sostenía que las ideas de las cosas están fuera de la mente divina, así nosotros las ponemos en la mente divina"[57]. Y, a partir de ahí, acepta la tesis platónica según la cual el fundamento último de la verdad de las cosas se encuentra en las ideas divinas, en la medida en que el ser de las cosas en su *topos* eterno es más verdadero que el que poseen en sí mismas o en su ser natural, esto es, el que obtienen una vez creadas: "Según Platón, era más verdadero el hombre separado que el hombre material, por lo que denominaba hombre *per se* al hombre separado. Luego también según la posición de la fe las cosas son en el Verbo con más verdad que en sí mismas"[58].

En segundo lugar, y esta vez frente a Platón, otorga un ser propio a la criatura existente fuera de sus causas, borrando entonces la accidentalidad de su ser material: "Platón ha sido criticado por haber afirmado que las formas naturales existen según su naturaleza propia fuera de la materia, como si la materia fuese accidental para las especies naturales; y según esto las realidades naturales

---

56. *De Veritate*, q. 4, art. 6, ad 5.
57. *De Veritate*, q. 4, art. 6, sed contra 2.
58. *De Veritate*, q. 4, art. 6, sed contra 2. *Idem.*, resp.: "Cuando se investiga si las cosas son con más verdad en sí mismas que en el Verbo, es necesario distinguir; porque (la expresión) 'con más verdad' puede designar la verdad de la cosa o la verdad de la predicación: si designa la verdad de la cosa, entonces sin duda es mayor la verdad de las cosas en el Verbo que en sí mismas".

se podrían predicar con verdad de las que son sin materia; pero nosotros no lo sostenemos"[59].

La alteridad que supone la finitud –desde la doctrina del Verbo– proviene de la creación, entendida como expresión de la causalidad del Ser absoluto, el cual es máxima identidad. Así pues, solamente a partir de la creación surge la alteridad: "en sí mismas, todas las cosas creadas causadas son finitas, pero en Dios son infinitas, porque en Dios son la misma esencia divina. (...) Además, en sí mismas muestran oposición y diversidad, pero en Dios forman una unidad simultáneamente (...). Además, en sí mismas poseen multiplicidad, pero en Dios son uno"[60]. "Las perfecciones que están desperdigadas en los seres inferiores, en Dios están de forma única y total"[61]; y también: "cualesquiera formas que existen en todas las criaturas, existen en Dios de un modo más eminente. Pues en las criaturas las formas de las cosas y las naturalezas son múltiples y diversas, pero en Dios existen de modo simple y único"[62].

Se trata aquí de la reducción a la unidad como origen de la multiplicidad. La caracterización de esta unidad originaria como identidad absoluta y a su vez principio de la alteridad y de la distinción, y, por fin, la inclusión del ser en este principio, Dios, que es también –frente a Parménides– máximamente activo, constituye el núcleo del elemento neoplatónico de la obra de Tomás de Aquino en lo que a nuestro tema se refiere.

La tesis de un ser de la criatura más noble en Dios, supone que "la criatura es esencia creadora en el Creador". En el Comentario al *Liber de Causis*, Tomás de Aquino establece explícitamente a

---

59. *De Veritate*, q. 4, art. 6, ad 2, *sed contra*.
60. *In De Divinis Nominibus*, núm. 641.
61. *S. Th.* I, q. 14, art. 11, sol.
62. *De Anima*, art. 18, resp.

este respecto que la diversidad de las cosas, por la cual tienen naturalezas diferentes, no proviene de alguna diversidad por parte del recipiente, esto es de la criatura, sino que procede de la primera causa, en cuanto cognoscente de la diversidad; pues el primer agente actúa según su ciencia y a partir de ella produce las cosas según diversos grados[63].

La finitud de la criatura en cuanto creada por Dios supone ciertamente un descenso en el orden ontológico, pues la primera posee un grado menor de ser; y esa finitud es por lo mismo alteridad, distinción con respecto al Absoluto del cual procede. La creación divina, por ser tal, pone en la existencia de algo nuevo, de un *novum* inédito; esto es, de algo que no preexistía en esa su finitud y distinción en la causa creadora; la distinción proviene de la creación. Pues el ser de la criatura en el Verbo es Dios, pero el ser de la misma en la creación subsiste en la naturaleza propia de la criatura. Ambas consideraciones resultan complementarias desde la doctrina de la expresión del Verbo. Con la creación, en efecto, la multiplicidad se despliega en el mundo de lo finito: el mundo creatural muestra finitud e imperfección. No obstante, en la metafísica creacionista, que es en Tomás de Aquino una metafísica del Verbo, el estudio acerca de la verdad de la criatura precisa, por así decir, remover, la multiplicidad –finitud e imperfección, por lo tanto– para acceder a la unidad divina, que es fuente de lo múltiple. Unidad en la que la pluralidad existe de un modo más noble (*nobilior*) y más eminente (*eminentior*): Dios mismo, quien a través de su Verbo –Palabra eterna– pronuncia eternamente a la criatura.

Por otra parte, y como venimos argumentando, la alteridad y la distinción, surgen a partir de la creación de las cosas; pues la manifestación de Dios en el ejercicio de su actividad creadora no puede igualarle: la unidad y la unicidad del Absoluto requieren

63. *In De Causis*, Lect. XXIV.

composición y que lo producido sea múltiple. De este modo, si bien Dios es el ejemplar de toda criatura, no puede sostenerse que lo creado mantenga una relación de reciprocidad en cuanto a la similitud a su origen. La argumentación al respecto es la siguiente: en aquellas cosas que se relacionan según el modo de la causa y de lo causado no se encuentra, propiamente hablando, la reciprocidad de la similitud "Dios contiene todas las perfecciones de las criaturas, pues Él es simple y absolutamente perfecto. De ahí que cualquier criatura le representa y le es semejante en la medida en que tiene alguna perfección. Sin embargo, no le representa como algo de su misma especie o género, sino como principio sublime, de cuya forma carecen los efectos, pero de la que, sin embargo, albergan alguna semejanza"[64].

Se trata de sostener una relación asimétrica entre la criatura y el Creador: la criatura imita a Dios en la distinción que supone su naturaleza de creada, y esta imitación se halla fundada en la previa expresión de toda criatura en el Verbo. Por donde se concluye que la ejemplaridad que supone la ciencia divina con respecto a la criatura no implica un acercamiento metafísico de Dios a lo finito, sino que, antes bien, señala su absoluta trascendencia. Pues "para la verdad del verbo no se exige la semejanza a la cosa que es dicha mediante el verbo según la conformidad de la naturaleza, sino sólo según la representación, como se ha dicho en la cuestión *De scientia Dei*"[65]. Por ese motivo el Verbo concierne directamente a Dios, y de un modo consecuente con las criaturas, "porque las criaturas, en cuanto son en Dios, son una sola cosa"[66].

Así pues, la manifestación de la criatura en el Verbo divino supone unidad e identidad con Dios, pero es esa misma mani-

---

64. *S. Th.* I, q. 13, a. 2, sol.
65. *De Veritate*, q. 4, art. 4, ad 2. *De scientia Dei*, art. 13, ad 1.
66. *De Veritate*, q. 4, art 4, ad 5.

festación la que permite que, una vez creadas, los seres creados imiten la perfección divina según diversos modos y grados[67]; y en ello justamente reside la dependencia de lo finito con respecto del Absoluto, pues el ejercicio de su actividad existencial se halla condicionado a esa imitación.

En esta *metafísica del Logos* la "lógica divina" no tiene como refrendo el cálculo de las ciencias matemáticas –como más adelante, con el pasar de los siglos, se pretenderá–, sino que es la metafísica, en cuanto ciencia inagotable de lo real, la única disciplina que puede proporcionar tal atisbo de lo invisible partiendo de las cosas sensibles. *Per visibilia ad invisibilia* significa aquí: la trascendencia como horizonte de la razón humana, más horizonte de medida (*mensurans*), no de dominio. El mundo sensible es el paso de acceso a lo inteligible por esencia: tal es aquí la inteligencia del mundo que se desprende de la perfección divina. En la doctrina del Verbo de Tomás de Aquino se encuentra además que tanto la vertiente del platonismo y como la del aristotelismo, a las que hemos aludido al comienzo de esta Introducción, están fundadas en la consideración del Absoluto como condición de inteligibilidad y de ser. Atisbar, en definitiva, que el fundamento último del mundo se encuentra en el *Logos* divino supone, radicalmente –tal es, a mi juicio, la propuesta contenida en el *De Verbo*–, situar en el *Prólogo* del Juan el inicio de una metafísica cuyo principio fontal es la consideración del ser como creado por un Dios que es vida y en quien la criatura misma es vida.

Considero además que retomar en la actualidad la doctrina medieval del *Logos* supone una doble confrontación con respecto a dos vertientes de la historia de la filosofía. En primer lugar, conviene advertir que desde la consideración del Verbo y en este caso frente a la antigüedad, el surgimiento de la finitud a partir del acto

67. *De Veritate*, q. 3, art. 1.

creador no supone negatividad alguna para el ser de lo creado. En segundo lugar, y en este caso frente a una parte considerable de la filosofía moderna y contemporánea, el horizonte de lo real se amplía más allá de los cánones de la ciencia físico-matemática. Para esta última filosofía puede en efecto parecer enigmática y fuente de grandes paradojas la tesis central de la metafísica tomista del *Logos*: *oportet omnia eminentius existere ex natura quam etiam in seipsis*. Convendría sin embargo ahondar en el significado de la inteligibilidad de un mundo del que el *Logos* se hallase ausente.

La criatura como "viva" en la mente absoluta es el tema de la filosofía de la imagen que desarrolla Nicolás de Cusa en el siglo XV.

¿Cuál es la entidad de lo finito según la concepción del *De visione Dei* de Nicolás de Cusa? La respuesta del Cusano es precisa: *visione tua sunt*. Este principio de su pensamiento plantea la cuestión de la identidad propia de lo finito en tanto que diferente del in-finito. La *coincidentia oppositorum*, que es el principio de la *docta ignorantia*, demuestra cómo la verdad de lo finito aparece determinada por el Absoluto, al mismo tiempo que nos muestra la forma en que la verdad de lo finito aparece determinada por el Infinito, a la vez que nos muestra la forma bajo la cual la verdad del Infinito nos es accesible; en definitiva, enseña aquello que es más propio del ser de lo finito: que es una expresión del Infinito que se manifiesta. Esta expresión nunca coincide con lo que es expresado, pero requiere la presencia de lo expresado en su expresión, para que esta última llegue a ser "algo".

La finitud se presenta aquí como una limitación (*visus contractus*), en la diferencia y en la alteridad, pero a la vez fundamentada por el *visus abstractus* de la divinidad; se puede entonces decir que el ser finito es la autoexpresión del Absoluto desde la forma de la alteridad. La tesis que parece recorrer las páginas del Cusano –en lo que se refiere al estatuto ontológico de lo finito– afirma que la identificación de *videre* y *creare* en Dieu explica bien que la visión omniabarcante de la divinidad se manifieste ella misma como fundamento creador de todo ente finito (*esse creaturae est videre tuum et pariter videri*). De este modo el *videre* del Dios invisible se manifiesta en la finitud: lo que es creado o visto, en el sentido de la teofanía clásica, es la visibilidad de Dios (*videre tuum est creare tuum*); se trata de una visión activa de la *visio divina* en lo que se refiere al ser y al devenir de lo finito. La creación de lo finito depende de la visión de Dios, y puede entonces recordarse que la finitud es lo que es gracias a la mirada de Dios (*in eo enim quod omnes vides, videris ab omnibus*). En esta concepción se advierte la explicación que Juan Escoto Eriúgena había dado de la creación: Dios crea en sí mismo *viéndolo* todo en sí mismo (*De divisione naturae*, I).

a. Visión e imagen

La obra *De visione Dei* de Nicolás de Cusa establece decididamente que Dios es "la infinitud que lo abarca todo" y, en este sentido, las cosas, en el Absoluto, se identifican con él, pues no cabe ahí alteridad o diversidad alguna. Esa identificación de las cosas en el Absoluto se entiende desde la idea de un pensar infinito que se piensa a sí mismo en cuanto tal y ve en sí mismo todo cuanto es o puede ser. Así, es lícito establecer que el texto de 1453 desarrolla el pensamiento de la *veritas absoluta*, esto es, de un Absoluto que se piensa y se concibe a sí mismo; "reflexión absoluta" es lo que denota la noción de "visión divina" que inspira el título, pues, en efecto, desde el símbolo del *Icona Dei* ilustrado en el Prefacio, nos hacemos cargo de que Dios ve y, al mismo tiempo, es visto por aquellos a quienes ve, y esta última mirada, esto es, el ver de aquellos a quienes ve el propio Dios, está incluido en su propio acto de ver[1]. Y así Dios es la identidad que está más allá de toda identidad y de toda diferencia: es la igualdad máxima, fuera de todo rango e impensable como el grado último en cualquier escala.

Desde el tema de la visión, lo finito se presenta como manifestación o expresión de la mirada de Dios sobre él. Obligado es preguntarse a continuación acerca de la consistencia ontológica de esa manifestación que supone el ente finito. El principio *visione tua sunt* plantea inmediatamente la cuestión de la identidad propia de lo finito en tanto que diferente del in-finito. Para Nicolás de Cusa aquí el ver (*videre*) es igual al crear (*creare*): Es lo mismo decir que Dios ve todas las cosas que señalar que el Absoluto crea todas las cosas; resulta además que la visión con la que el Absoluto se ve a sí mismo es también aquella con la que ve a las cosas, pues, siendo la igualdad absoluta, no puede contener dualidad o alteridad: en Dios, de hecho, coinciden los opuestos.

La doctrina sobre la *coincidentia oppositorum*, que es el principio de la *docta ignorantia* —y que marca el rumbo desde el inicio de su pensar—, nos descubre la forma en que la verdad de lo finito aparece determinada por el Infinito, y a la vez que nos enseña de qué manera la verdad del Infinito puede llegar a sernos accesible de algún modo; en definitiva, indica aquello que es más propio del ser de lo finito: que es una explicación del Infinito que

1. Para la obra *De visione Dei* hago referencia a las siguientes ediciones: *De visione Dei* (abrv.: VD, seguido de capítulo y n°). Ed. de Faber Stapulensis, *Nicolae Cusae Cardinalis Opera* I, París 1514 (reimpr. Frankfurt 1962), fol. 99r – 114r). Texto crítico: *Nicolai de Cusa. Opera Omnia, iussu et auctoritate Academie Litterarum Heidelbergensis ad codicum fidem edita*, vol. VI: *De visione Dei*, edidit Adelaida Dorothea Riemann. Ed. F. Meiner, Hamburgo 2000. Trad. española: Ángel Luis González (traducción e introducción), *La visión de Dios* (5ª ed. revisada), Eunsa, Pamplona 2007. Trad. francesa: Agnès Minazzoli (introduction et traduction), *Le Tableau ou la vision de Dieu*, La nuit surveillée, ed. du Cerf, París 1986.

se manifiesta. Esta explicación, en cuanto despliegue de la inicial *complicatio* nunca coincide con lo que es expresado, pero requiere la presencia de la visión creadora en lo creado, pues de otro modo, esto último no podría llegar a ser "algo".

La presencia a la que acaba de aludirse no significa sino que las cosas son lo que son por la visión divina en ellas: "Eres visible por todas las criaturas y las ves a todas; en efecto, por el hecho de que ves a todos eres visto por todos. Las criaturas no pueden ser de otro modo puesto que son por tu visión; si no te viesen a ti que las ves no podrían recibir de ti el ser"[2]; y entonces lo que conforma la entidad de la criatura es tanto el ver divino como el ser visto de Dios por la criatura, pues en esta concepción las criaturas son en cuanto ven al Absoluto.

Ciertamente, aunque no existan dos visiones, la finitud queda explicada mejor como una como una limitación (*visus contractus*), en la diferencia y en la alteridad, pero a la vez fundamentada por el *visus abstractus* de la divinidad; se puede entonces decir que el ser finito es la autoexpresión del Absoluto desde la forma de la alteridad. La tesis que parece recorrer las páginas del Cusano –en lo que se refiere al estatuto ontológico de lo finito– afirma que la identificación de *videre* y *creare* en Dios explica bien que la visión omniabarcante de la divinidad se manifiesta ella misma como fundamento creador de todo ente finito (*esse creaturae est videre tuum et pariter videri*). De este modo el *videre* del Dios invisible se manifiesta en la finitud: lo que es creado o visto, en el sentido de la teofanía clásica, es la visibilidad de Dios (*videre tuum est creare tuum*); se trata de una visión activa de la *visio divina* en lo que se refiere al ser y al devenir de lo finito. La creación de lo finito depende de la visión de Dios, y puede entonces recordarse que la

---

2. VD, X, 40.

finitud es lo que es gracias a la mirada de Dios (*in eo enim quod omnes vides, videris ab omnibus*).

En lo sucesivo convendrá plantearse si la mirada creadora del Absoluto supone realmente una autoexplicación de Dios en el mundo y por lo tanto si permite considerar a lo finito como la visibilidad de esa autoexplicación, esto es, como "manifestación". Esta hipótesis no supone en modo alguno que el Infinito pueda llegar a explicarse desde lo finito, ya que el primero solamente reposa en sí, aunque sea visto en todo lo visible. Se cita a continuación uno de los textos centrales al respecto; se trata del inicio del capítulo XII de *De visione Dei*, central para nuestro tema y que lleva por título: "Donde el invisible es visto, el Increado es creado: "Antes te me has aparecido, Señor, como invisible a toda criatura, puesto que tú eres el Dios escondido e infinito. Y la infinitud no es comprensible con ningún modo de comprehender. Después, te me apareciste como visible por todos, porque una cosa es en tanto en cuanto tú la ves, y no sería en acto si no te viese. Tu visión, ya que es tu esencia, confiere el ser. De este modo, Dios mío, eres a la vez invisible y visible: invisible eres como tú eres; eres visible en la medida en que las criaturas existen, pues las criaturas son en tanto en cuanto te ven. Por tanto, tú, Dios mío, invisible, eres visto por todos. Eres visto en toda visión por todo el que ve; tú, que eres invisible, que estás desvinculado de todo lo visible y estás sobresaltado en el infinito, eres visto en todo lo visible y en todo acto de visión"[3]. Ese Dios invisible y desvinculado nos parece, sin embargo –en una lectura atenta del texto que acaba de citarse– mostrarse, como su autoexplicación, en la alteridad que él mismo conforma mediante su acto de visión creadora; y entonces pensamos que puede sostenerse que la finitud no es sino participación, en el sentido especial de manifestación, del que es nombrado como *non-aliud*, *idem* o *possest*.

3. VD, XII, 47.

En este sentido, sostendremos que puede hablarse en la obra de Nicolás de Cusa de una entidad ontológica de la finitud, en lo cual separamos al autor de cualquier interpretación hegeliana.

Fue en efecto el propio filósofo alemán quien en su Lección sobre Spinoza, presentó el problema Dios-mundo formulando tres posibilidades: "Tres clases de posibles relaciones existen entre Dios y lo finito, de lo que nosotros formamos parte. La *primera* es la de que sólo *es* lo finito y, por tanto, sólo *somos* nosotros, mientras que Dios *no es*: es la posición del ateísmo, en la que lo finito se toma como lo absoluto y es, por lo tanto, lo sustancial. La *segunda* es la de que sólo Dios *es*, mientras que lo finito, en verdad, *no es*, es solamente fenómeno, apariencia. La *tercera* posición, la que reconoce que Dios *es* y también nosotros *somos*, es una mala síntesis, una transacción equitativa. Es el modo de representación que consiste en considerar cada lado tan sustancial como el otro, en honrar a Dios, situándolo en el más allá, pero atribuyendo también un ser, en el más acá, a las cosas finitas; la razón no puede darse por contenta con este criterio *igualitario*, con esta actitud indiferente. La necesidad filosófica consiste, pues, en captar la unidad de estas diferencias, de tal modo que la diferencia no se deje a un lado, sino que brote eternamente de la sustancia, sin cristalizar y petrificarse en forma de dualismo"[4].

La cuestión que acaba de plantearse se refiere ciertamente al problema de la identidad y de la diferencia, pero queda claramente engarzado con el de la articulación entre inmanencia y trascendencia. En efecto, y según la ilustración que nos ofrece Nicolás en el Prólogo de la obra, la mirada real del Dios verdadero permanece inmutable en sí misma y, al mismo tiempo, se manifiesta como

---

4. G. W. F. Hegel, *Vorlesungen über die Geschichte der Philosophie*, Teil III, Vollständige Ausgabe, Berlín, 1836, XV, 373. Tr. de W. Roces, F. C. E., Buenos Aires, 1957, 303.

respectivamente distinta a los ojos del que se encuentra mirado por ella o le mira; por ello el sujeto "que sabe que el ícono está fijo y quieto, se asombrará del cambio de una mirada que es inmutable. Y si, clavando la mirada en el ícono, se desplaza desde el oeste al este, descubrirá que la mirada del ícono no deja de seguirle"[5].

Cabe decir al respecto que la mirada finita nunca coincide con aquello que en ella se manifiesta, pero sí que requiere que se comprenda el mirar divino como la *complicatio* infinita que lleva en sí misma el principio de la *explicatio*, y entonces la multiplicidad de lo finito se entiende abierta a su principio, de modo análogo a la relación que existe entre el punto y la línea. La presencia entonces de lo manifestado en su manifestación significa que la *explicatio* es el modo por el que el primer principio da a participar su ser en la limitación de la finitud; y esta participación otorga cierta consistencia ontológica al ente finito. Como se ha anunciado, existe una distancia clara entre esta concepción de la participación y de la metafísica de la participación del acto de ser; Nicolás de Cusa quiere acudir más bien a una presencia real de Dios en las cosas, sin la cual no podrían expresar su origen divino. Esa presencia, como se ha ido argumentado se refiere a que el Absoluto se halla supuesto o es visto en todo lo visible y en todo acto de visión[6].

Lo anterior se muestra bien en el siguiente texto: "Viéndome, tú que eres Dios escondido, me concedes que tú seas visto por mí. Nadie puede verte sino en cuanto tú le concedes que seas visto. Y verte no es otra cosa que tú ves al que te ve"[7]; es decir, la visión divina sobre las cosas no solamente hace que estas sean, sino que además la esencia misma de su ser consiste en ver al Absoluto, y este su ver permite verlas como visibilidad manifestativa del Abso-

---

5. VD, *Prólogo.*
6. Cfr. VDXII, 47.
7. VD, V, 13.

luto. Gracias a esa presencia cabe una deificación de la creatura. El
último libro del *De docta ignorantia* muestra esta posibilidad, teniendo en cuenta la realidad del Verbo; de ahí que pueda sostener
en el cap. 2 del Lib. 3 que "Maximum contractum pariter est et
absolutum, creator et creatura", afirmación que sólo se comprende
desde la Teología del Verbo, a cuya luz queda iluminada la doctrina del hombre como *ad imaginem Dei*.

Para él, en efecto, las cosas son "algo" solamente en cuanto se
considera que el Absoluto está en ellas, del mismo modo a como
los espejos diversos reflejan el rostro idéntico "presente" en ellos.
Puede entonces afirmarse tanto la inmanencia como la trascendencia del Absoluto respecto del orbe de lo finito: por un lado, la
trascendencia, en que se aparta de Dios toda implicación de finitud, y por otro, la inmanencia, o mejor, presencia, en que se afirma la virtualidad divina vuelta universalmente al orden creado"; y
así puede asegurarse que el fundamento complicativo está *también*
en su propia *explicatio*, pues Dios es todo en todo, y es fuera o por
encima de todo lo creado: *Omnia et nihil omnium simul* (XII).
Todo lo cual sin embargo parece quedar comprometido en M.
Eckhart, autor que precede a Cusa especulativamente.

El caso de Eckhart en ciertamente es distinto, puesto que él no
propone la idea de un Absoluto que debe incluir lo finito para ser
tal. Las investigaciones sobre Eckhart que vienen llevándose a cabo
desde mediados del siglo pasado, a través –sobre todo– de un análisis detenido de los textos y de su entorno histórico, religioso y especulativo, han ido advirtiendo que el maestro renano no disuelve
lo finito en lo infinito en una suerte de identidad totalizante; antes
bien, fue su propósito distinguir enteramente a Dios, no porque
fuera "el Otro" más allá de cualquier visibilidad intelectual, sino
porque en su intención estaba no realizar una suerte de comparación entre Dios y el mundo, de suerte que pudiera encontrarse un
atributo en común para ambos que hiciera de término medio en

el silogismo "Dios es" y "El mundo es". Ningún predicado común podía emplearse para ambos extremos, de modo que, si como se afirma en el *Éxodo*, y fue comentado por la mayoría de los autores medievales, "Dios es el Ser", la criatura no podía a la vez "ser". Los problemas comienzan, sin duda, cuando se empieza a sostener que si lo finito no puede arrogarse el nombre de ser por pertenecer este solamente a Dios, entonces debe considerarse como nada. Y es que Nicolás de Cusa parece sin duda haber desarrollado su doctrina acerca del *non-aliud* a partir del *dictum* eckhartiano *in deum enim non est aliud*[8]. Y así, la *negatio negationis* de Eckhart que implica la trascendencia de Dios respecto de todo lo demás se correspondería con la trascendencia del Dios cusano respecto incluso de los trascendentales.

Desde los puntos anteriores hay que precisar sin embargo que los dos términos, inmanencia y trascendencia, son desiguales: ciertamente, lo finito implica la presencia del Infinito en él, pero no está dado de modo necesario con el Infinito. Si no, lo Infinito no podría prescindir de lo finito y no podría hablarse de una verdadera trascendencia. En otras palabras, las cosas no pueden ser consideradas sin Dios, pero Él sí puede serlo sin los entes finitos, como se expresó en la *Docta ignorancia*: "Si se consideran las cosas sin Él, no son nada, como el número sin unidad. Si se le considera a Él mismo sin las cosas, Él es y las cosas no son nada".

A la vez, la visión creadora constituye el ser propio de lo finito, de tal modo que el Absoluto se hace visible en su ser mismo invisible. Quizá esta idea se halle expresada de modo más nítido el *Trialogus de Possest*, lo cual además demuestra –tratándose de un escrito de 1460– que se trata de una tesis que ha recorrido toda la obra y pensamiento de Nicolás de Cusa: "¿Qué es el mundo sino la manifestación del Dios invisible?".

---

8. *Sermones* XXIX n. 304; LW IV, 270, 7 y ss.

Quasi in speculo et in aenigmate: el mundo como un espejo en el que el hombre puede –oscuramente– ver a Dios; imagen familiar en toda la filosofía clásica, especialmente en la que elaboraron los teólogos del medioevo, y central en el Cusano. Por ese vital afán suyo de dilucidar la accesibilidad o inaccesibilidad de lo que sea el Absoluto, su comprehensibilidad o incomprehensibilidad, se ha escrito con razón hace poco que el punto de partida de la especulación del autor que nos ocupa, esto es, aquel desde el que Nicolás de Cusa inicia su andadura es el texto de S. Pablo en su Epístola a los Romanos, I, 19-20: "Las perfecciones invisibles de Dios, también su poder eterno y su divinidad, se han hecho visibles a la inteligencia, después de la creación del mundo, a través de las cosas creadas".

b. *Bild* (imagen), *Urbild* (arquetiopo), *Abbild* (copia)

Pero la presencia divina en las cosas, sin embargo, no implica nunca identificación de corte panteísta, sino que la teoría de la expresión que conlleva la *complicatio* y la *explicatio* muestra, fundamentalmente, la mutua pertenencia de Dios y el mundo, implicando la dependencia radical de éste último; el mundo, en efecto, es la *explicatio*, el despliegue de lo que Dios ha producido en su unidad; el mundo consiste sólo en el desarrollo de la unidad en la multiplicidad; es la autoexpresión del Absoluto en la forma de una alteridad (*Andersheit*). Por ello el Cusano puede hablar del mundo como *Deus sensibilis*", sin que ello suponga, en un principio, destituir de su estatuto ontológico propio a lo finito. En este contexto no panteísta la relación de expresión entre la imagen (en sentido general, como *Bild* o *Abbild*) y el arquetipo (*Urbild*) ha de ser estimada como una relación de semejanza cuyos contornos están delimitados con mucha precisión y sin estar sujetos a modificaciones profundas. Y ello es así atendiendo del mismo modo a dos interpretaciones en parte divergentes; esto es, tanto si se aprecia que la semejanza es el resultado de una "efluencia" del Bien-Arquetipo, como si se juzga que es necesaria una "conversión" de la imagen hacia su principio. En ambos casos, como digo, el, por así decir, lugar ontológico de cada término está perfectamente fijado, pues el dinamismo entre los dos polos está determinado por el grado de participación, de filiación, que regula el movimiento (*anàbasis*) desde la finitud como diferencia al no-otro como identidad. En definitiva, el ámbito de lo finito solamente puede comprenderse de la compenetración recíproca de unidad y alteridad o de identidad y diferencia. Y, desde el Prólogo de la obra que tratamos, sin esta presencia las cosas (los entes) no podrían expresar su identidad en cuanto alteridad respecto de lo otro.

Desde la obra *De visione* Dei y por lo alcanzado hasta ahora, pensamos ciertamente que lo finito puede ser entendido como "manifestación" de la identidad absoluta, y ello en cuanto hemos accededlo a él como la "visibilidad" de aquella autoexplicación divina desde la *complicatio*. El problema radica –y en la misma obra se nos plantea como tal– en que, si el Absoluto es el principio del ser, no puede serlo la alteridad, alteridad que representaría a lo finito en cuanto manifestación visible del invisible: *Alteritas igitur non potest esse principium essendi*[9]. Esta última –a alteridad o la diversidad– se halla en lo que consideramos mundo "fuera de Dios". No obstante –insistimos– siendo Dios la identidad máxima, parece no poder encontrarse un principio positivo para la alteridad que supone la finitud, sino que más bien, al pensar aisladamente lo finito, se nos presenta más como no ser que como ser, pues "en efecto, la alteridad se nombra a partir del no ser. Precisamente por el hecho de que una cosa no es otra. Por lo tanto, la

9. VD, XIV, 58.

alteridad no puede ser principio de ser, ya que se denomina a partir del no ser. La alteridad, por consiguiente, no es algo. La causa de que el cielo no sea la tierra se debe a la misma infinitud, que abarca a todo ser"[10]. Nos preguntamos a continuación cómo resulta la comprensión de lo finito en cuanto manifestación o dependencia del principio del ser.

En cierto modo, la alteridad, aunque deba ser considerada como el elemento negativo en todo ser no absoluto, expresa sin embargo la circunstancia de que todo ente finito, en base a su unidad o identidad respectiva, *no* es lo otro y precisamente por ello puede pensarse como *otro*. En este sentido, la alteridad permite comprender la cierta consistencia ontológica en tanto que se reconoce su identidad como diferencia de lo demás: "Precisamente por el hecho de que una cosa no es otra, se dice que es otra"[11].

Desde lo expuesto, puede entenderse que Nicolás de Cusa, siguiendo con el símil del espejo, sostenga que "Dios es todas las cosas"; pues, en la medida en que es su divino rostro el que está en ellas, puede verse en ellas como en un espejo, así como las criaturas pueden contemplarle en sí mismas. La criatura se asemeja a Dios, a la vez que las cosas son vistas, en su verdad, en el Absoluto, pero en un contexto de absoluta trascendencia que rebasa –a veces– la capacidad de comprensión de la mente finita. Desde la obra *De docta Ignorantia* Nicolás de Cusa advirtió lo problemático de la cuestión "¿Quién, finalmente, puede entender que Dios es la forma del ser y, sin embargo, no se mezcle a la criatura?"[12]. Amigo de las comparaciones matemáticas, explica el Cusano que, así como no puede comprenderse que el ser de la línea curva sea por la recta infinita, "la cual no la informa como forma, sino como

10. *Idem.*
11. VD, XIV, 58.
12. *De docta ignorantia*, Lib. II, cap. 2.

causa y razón, razón de la que no puede participar tomando una parte de ella, pues es infinita e indivisible", tampoco puede entenderse "cómo varios espejos participan del mismo rostro de diverso modo: pues como no es el ser de la criatura, pues existe como espejo, es espejo antes de recibir el rostro de la criatura". En Cusa, la idea de que una forma infinita (Dios) sea participada por distintos entes desigualmente, unida a la temática de la manifestación, lleva a considerar a los seres finitos como "resplandor" de la luz infinita, acercando de nuevo el símil de la luz a la metáfora del espejo. "¿Quién hay que pueda entender cómo una forma infinita sea participada por diversas criaturas de modo distinto, no pudiendo ser el ser de las criaturas otra cosa que su resplandor, el cual no es recibido positivamente sino en cosas que son contingentemente diversas?"[13]. Pero, permítasenos insistir, ese ser un "resplandor" no hace de las cosas meros reflejos o fulguraciones de la divinidad, o, continuando con nuestra metáfora, simples espejos sin consistencia propia; así lo delata de nuevo nuestro autor: "Es lo mismo quizá que si lo construido, que depende totalmente de la idea del artífice, no tuviera más ser que el de depender de quien tomara el ser y bajo cuya influencia se conservara, como la imagen de una forma puesta en el espejo, espejo que antes o después, por sí y en sí, no fuera nada"[14].

c. *Imago representationis*

Desde el símil des espejo parecería que, o bien la criatura queda reducida a mero reflejo sin entidad, o bien que el Absoluto queda inmanente a la forma reflejada en él, como –se expresa el

13. *Ibidem.*
14. *Ibidem.*

Cusano– si al mirarse en él la criatura "devolviese" al creador lo que Él ya es. Desde un principio, la posición de Nicolás de Cusa al respecto es nítida: el mundo es *imago representationis* creada, porque remite, como una imagen (*Bild*) reflejada en un espejo, al creador; ya que Dios, al crear, no tiene otro ejemplar (*Urbild*) que Él mismo; por ello el mundo entero es creado según la semejanza divina (*ad Dei similitudinem*). Más exactamente dicho: la creación material es una huella de Dios, poseyendo sólo la criatura espiritual una semejanza auténtica con el creador (*creatoris similitudo*): el hombre es una *imago imitationis creata*. Todo ello no significa en modo alguno que esa "imagen reflejada", a la que acabamos de aludir como caracterización de lo finito desde la idea metafísica de manifestación, haga del orbe creatural una mera "copia"; antes bien, lo que eso significa es la posibilidad de contemplar cómo los entes pueden hacer presente la presencia en ellos del rostro del Absoluto. Volkmann-Schluck ha precisado esto en términos muy concretos; así, cuando habla de la representación simbólica del mundo en Nicolás de Cusa sostiene que desde el principio es necesario tener claro que *imago* no significa copia (*Abbild*) de un original (*Urbild*), sino expresión visible de lo que es invisible, donde expresar, frente a copiar, significa imitar y reproducir –hacer visible– la invisibilidad esencial del Absoluto, cuestión álgida en nuestro tema, pues la invisibilidad esencial del Absoluto y la posibilidad de su visibilidad son los dos puntos sobre los que pivota la articulación de la trascendencia de Dios y su inmanencia en todo lo creado. Y en lo que se refiere al ser creado o a la finitud, resulta que para que se dé la real existencia de la criatura no es suficiente la mirada de Dios, sino que es preciso que a ella se una la mirada de la criatura: "Pues cada cosa es en acto en cuanto tú la ves, y no sería en acto si no te viese"[15], y así la presencia divina, en el símil

---

15. VD, XI, 47. Cfr. K. Kramer, "Gottes Vorsehung", p. 230.

del espejo, no alude sino a una visión de la verdad del propio ser de lo finito.

Verdad e imagen, en definitiva, se unen en la visión absoluta: "Mi rostro es verdadero rostro, porque tú, que eres la verdad, me lo ha dado. Y mi rostro es también imagen, porque no es la misma verdad, sino una imagen de la verdad absoluta"[16]. Como se ha comentado al respecto: "El ver absoluto es, por tanto, el ver completo del ente finito, pero al mismo tiempo también el posibilitamiento de que *este* mismo vea desde sí y de que, por tanto, el ver absoluta sea visto *por él*, por lo finito. La mirada infinita del ver absoluto acompaña a la mirada finita, tal como el Icono debía hacer claro al comienzo del *De visione Dei*, y entonces se entiende perfectamente que el ser de la criatura es tanto el ver divino sobre ella como el ser visto del Absoluto por parte de la criatura; lo cual explica la tesis de lo finito como manifestación, esto es, como visión creada. En otras palabras, mediante esa mirada absoluta que constituye el ser en cuanto creadora, el Absoluto se hace visible, es aparición de lo Absoluto, teofanía, pero en el modo de la limitación: *Quid (…) est mundus nisi visibilis dei apparitio*[17], y en esa limitación aparece a la vez la diferencia.

d. "Imagen viva"

"El ser de la criatura es, igualmente, tu ver y tu ser visto"[18], y por ello se da la circunstancia de que todo es en Dios. Entonces, considerada desde el Absoluto, la criatura no puede ser otra: "Tu único concepto, que es también tu Verbo, complica todas y cada

16. VD, XV, 64.
17. *De possest*, 72, 61.
18. VD, X, 40.

una de las cosas. Tu Verbo eterno no puede ser múltiple ni diverso, ni variable ni mutable, porque es la eternidad simple"[19], y tal simplicidad eterna es diferencia absoluta, que el Cusano piensa como "más allá del muro de la coincidencia de los opuestos"[20]. Al resaltar entonces la trascendencia y la diferencia divinas, la criatura no puede sino ser pensada como siendo en el Absoluto creador: "El salir de ti la criatura es el entrar de la criatura en ti y explicar es complicar"[21].

Puede deducirse de lo anterior que la criatura, pensada como alteridad pura, no es, y que solamente puede ser en la medida en que esa alteridad es entendida como manifestación de la visibilidad del creador en el mundo. Esta tesis salvaría el problema que recorre nuestro capítulo XII: "¿Cómo entonces creas cosas distintas de ti?" (49). Es verdad que Dios está sobre todo concepto, es la infinitud que lo contiene todo sin alteridad, unidad absoluta donde toda multiplicidad se halla reunida. A la vez, es el fundamento de toda entidad. Pues bien, si el mundo creado se presenta como el desarrollo de lo que está complicado en Él, puede sostenerse que lo finito es *explicatio Dei*, y esta vez en el sentido preciso de que todo lo que es imagen divina, reflejando a Dios de un modo concreto., y esta vez en el sentido preciso de que todo lo que es imagen divina, reflejando a Dios de un modo concreto: "A veces te me presentas de tal modo que pienso que tú ves en ti todas las cosas, como si fueses un espejo vivo en el que todo reluce"[22], y eso en que todo reluce no es sino la multiplicidad desplegada desde la unidad primera. Ese despliegue implica realmente una creación de

---

19. VD, X, 41.
20. VD, XI, 45: "Vuelvo de nuevo para intentar encontrarte más allá del muro de la complicación y de la explicación".
21. VD, XI, 46.
22. VD, XII, 48.

la nada por parte de Dios. Más bien, aquí el símil del espejo nos permite comprender con neta claridad que la diferencia no existe en la identidad absoluta ni "antes" ni "después" de la creación. Ciertamente, Dios, en cuanto creador, es el poder que explica: "Cuando te encuentro como el poder que explica, salgo"[23]. En su interés de no introducir la diferencia en el Absoluto, Nicolás de Cusa señala a menudo que Dios complica todas las cosas sin alteridad. La explicación entonces que expresa la creación del mundo es entendida en *De visione Dei* como la visión que Dios tiene del mundo y, en consecuencia, como el ver de la criatura al creador, o la dependencia del otro respecto del no otro. El acto de ver de Dios y la mirada de lo creado dirigida hacia el Absoluto permite la visibilidad o manifestación del Dios "escondido" e "invisible". Permítaseme citar de nuevo el texto clave al respecto "De este modo, Dios mío, eres a la vez invisible y visible: invisible eres como tú eres; eres visible en la medida en que las criaturas existen, pues las criaturas son en cuanto te ven. Por tanto, tú, Dios mío invisible, eres visto por todos. Eres visto en toda visión por todo el que ve; tú, que eres invisible, que estás desvinculado de todo lo visible y estás sobresaltado en el infinito, eres visto en todo lo visible y en todo acto de visión". Dios se ve en la criatura, la criatura se ve en Dios. Sin esta visión de Dios no habría creación. Todo lo que es, es gracias a la mirada de Dios. Así, el principio puede ser origen sin ser principiado, el no-otro puede engendrar a los otros sin alterarse. En tanto que principio, el no-otro permanece anterior a lo otro que es siempre posterior. En efecto, por un lado, desde el capítulo III del *De visione Dei* Nicolás de Cusa ha establecido que "Todas las cosas que se predican de Dios no difieren realmente" (8), pero, a la vez ha dejado claro que Dios es el creador de todas

---

23. VD, XI, 45.

las cosas: ¿qué significa entonces la diferencia de las cosas respecto del creador?

El capítulo X de la obra de 1453 que nos ocupa hace pensar más bien que la manifestación que supone lo finito es solamente un despliegue del *idem*: Lo absolutamente mismo o uno se despliega a sí mismo en sí mismo. Este despliegue constituye ciertamente relacionalidad, pero no diferencia real ¿Se trataría entonces la creación de una *processio sine processione*, o sea de una explicación inmanente o *processio* interior? El capítulo XII de *De visione Dei* parece responder con rotundidad a esta cuestión. Dios crea realmente de un modo tal que, comunicando el ser a todo, queda sustraído a todo (*maneas absolutus*): "Tu crear es, en efecto, tu ser. Crear y al mismo tiempo ser creado no es otra cosa que comunicar tu ser a todas las cosas. (…) Llamar al ser a las cosas que no son es comunicar el ser a la nada. Así, llamar es crear; comunicar, es ser creado"[24]. Y aunque Dios está más allá de su denominación como creador (XII, 5: "No eres, pues, creador, sino infinitamente más que creador"), y no puede ciertamente explicarse desde el mundo, lo cierto es que se manifiesta visiblemente cuando la criatura se comprende desde la visión: es vista por el Absoluto y su verse es ver al que la ve. Para explicar esto Nicolás de Cusa recurre frecuentemente al símil del espejo.

Dios en efecto aparece en la obra como "el espejo vivo de la eternidad", que es "la forma de las formas", y: "cuando alguien mira en este espejo, ve su propia forma en la forma de las formas, que es el espejo. Y considera que la forma que ve en el espejo es la figura de su propia forma, porque así sucede en un espejo material pulimentado; sin embargo, es verdadero lo contrario, porque lo que ve en el espejo de la eternidad no es la imagen, sino la verdad, de la que el mismo espectador es imagen. Por tanto, la imagen en

24. VD, XII, 49.

ti, Dios mío, es la verdad, y el modelo de todas y cada una de las cosas que son o pueden ser"[25].

De la cita anterior deducimos que Nicolás de Cusa invierte en el fondo la metáfora especular. Es decir, el reconocimiento de la criatura en su ser de tal requiere, no tanto mirarse a sí misma en la forma de una autorreflexión subjetiva; sino que supone mirarse en Dios, que es el espejo vivo. Entonces, puesto que el Absoluto es y contiene en sí toda verdad, devuelve a la criatura el reflejo de su propio ser divino. La criatura entonces ve a la vez a Dios y así misma en su verdad. Esa verdad de la criatura no es una imagen reflejada en un "espejo material pulimentado", sino que es la propia idea eterna y divina, según se nos explicaba en el capítulo X desde la teología del Verbo.

Si Dios es "espejo vivo" la criatura es entonces "sombra viva" que se ve a sí misma en aquel, recibiendo de él lo que es, pudiendo la forma de las formas manifestarse a cada criatura de modo diferente, esto es, según la verdad de la imagen de cada una: "Puesto que yo soy una sombra viva y tú eres la verdad, considero que la verdad cambia con el cambio de la sombra. Eres, pues, Dios mío, de tal modo sombra que eres la verdad. Eres mi imagen y la imagen de cualquiera de modo tal que eres el modelo. (…) Mi rostro es verdadero rostro, porque tú, que eres la verdad, me lo has dado. Y mi rostro es también imagen, porque no es la misma verdad, sino una imagen de la verdad absoluta"[26]. La manifestación es entonces distinta según la imagen del que se mira en el espejo; pero, además, la verdad de la imagen se halla en el modelo, que se manifiesta en ella y de modo diferente en cada uno.

Para concluir, diremos, que el concepto de manifestación como modo de aprehensión de la finitud remite a una idea típicamente

---

25. VD, XV, 63.
26. VD, XV, 64.

cusiana, que consiste en comprender la creación como una *Imago imitationis creata*, de modo especial el ser humano. Según esta tesis, el concepto de representación, en un sentido estrictamente metafísico, explicaría bien el significado de lo finito como manifestación del infinito; y ello en la medida en que esa manifestación se entiende como procedente de un acto de creación, y entonces la representación no significa sino la criatura hace en ella presente al creador, idea presente en toda la obra del Eriúgena.

e. Eriúgena y Cusano. Clave gnoseológica

Como ha señalado G. Allegro, la cultura y la civilización medieval se mueven –desde san Agustín– en la compleja y, en cierto modo, desconcertante dialéctica propia del mensaje cristiano; la cual, en términos de conocimiento, se centra en la fórmula paulina: *videmus nunc per speculum et in aenigmate, tunc autem facie ad faciem* (*Cor.*, 13, 2). Esta fórmula expresa el motor de la gnoseología medieval y manifiesta el carácter del pensar cristiano que, junto a lo que supone la teofanía de Cristo, enseña la unión de lo divino y lo humano y concibe la historia humana como el explicarse de la acción divina en la realidad del cosmos. Tal consideración representa el vértice de la especulación eriugeniana y significa en su obra asimismo la conjunción de Dionisio Areopagita y Agustín de Hipona.

Desde esta perspectiva, W. Beierwaltes ha señalado en nuestros días que su obra fundamental, el *Periphyseon* o *De divisione naturae*, significa exactamente el interés especulativo de Escoto Eriúgena; el cual se resume en el interés de fundamentar argumentativa y racionalmente la verdad de la *doctrina christiana*[27]. En este

---

27. Cfr. W. Beierwaltes, *Eriugena. Grundzüge seines Denkens*, V. Klostermann, Frakfurt a. M. 1980, p. 7.

sentido, Eriúgena no cuestiona la existencia del Fundamento o del Absoluto, antes bien, partiendo de Él, del origen, pasa a explicar la estructura y el sentido del mundo y de la actividad humana en él como una *explicatio* del primer origen: *teophania* es el término que resume su metafísica, pero también es la noción que sintetiza su teoría del conocimiento humano sobre el Absoluto[28]; de ahí la distinción establecida entre la consideración de la naturaleza en la eternidad del Verbo, y su consideración desde la temporalidad que constituye el mundo creado[29].

En este contexto, Escoto Eriúgena se ha esforzado de un modo decisivo por subrayar el aspecto cognoscitivo de la fe. En efecto, en el ámbito del pensamiento griego con el que dialoga el filósofo irlandés, la filosofía se presentaba –ya en Platón– como búsqueda de la verdad, esto es, de Dios y del hombre, dentro del, por así decir, *maremagnum* de las confusiones y de las pasiones humanas. Eriúgena, como filósofo cristiano, se encontró ante el dilema que suponía el discurso de la fe o el discurso de la razón. La filosofía griega no había tenido este problema, pues en el propio Platón, la creencia (*pístis*) era el género más bajo de conocimiento. Pero el cristianismo había dado al hombre este nuevo instrumento de verdad, la fe, implícita en la misma Revelación, que no podía ya parangonarse en modo alguno con la noción griega de *creencia*. Aceptar el contenido de la fe podía entonces significar el aban-

28. La metafísica eriugeniana del *Periphyseon* subraya la ausencia de ese proceso temporal en las acciones divinas *ad intra*. De ahí su distinción entre: *tempora secularia* o *temporalitas mundo*, y *tempora aeterna*; haciedo claramente referencia este último término a la ausencia de temporalidad propiamente dicha en lo que Eriúgena determina como "autoconstitución" del Absoluto. Cf. *Periphyseon*, Lib. II.

29. *Periphyseon*, Lib. III, p. 76 (*PL* 640 D): "Sed quia una eademque rerum Natura aliter consideratur in aeternitate Verbi, aliter in temporalitate constitui mundo".

dono del instrumento del cual está dotado naturalmente el ser humano en su labor de desvelar el sentido último de la realidad, la razón. El dilema entre fe y razón fue grande para los pensadores cristianos: como cristianos, no podían dejar la fe; como seres humanos, no podían renunciar a elemento racional que constituye su propia esencia.

Ante ese dilema, Eriúgena, recogiendo la síntesis agustiniana establece decididamente la unidad de fe y conocimiento racional, en razón de la identidad de su objeto: Dios o el Absoluto: "¿Qué otra cosa es tratar de la verdadera filosofía, sino (tratar) de la verdadera religión, la cual versa sobre la máxima y principal causa de toda, Dios? (...). Se concluye pues que la verdadera filosofía es la verdadera religión, o, viceversa, que la verdadera religión es la verdadera filosofía"[30]. Tal unidad se revela en su obra como una amplia conquista cognoscitiva, en el sentido de que considera que no basta, sin más, la verdad contenida en la Revelación, objeto de la fe, antes bien, se hace necesario —dada la esencial constitución racional humana— una, por así decir, ulterior conquista de la verdad, una expresión racional de la misma, que es tarea propia del filosofar. Así, si por un lado es cierto en Eriúgena que no es posible un ejercicio autónomo de la razón: "Aquello que no podemos probar con la autoridad de la Escritura ni con la de los Padres, no debemos acogerlo como doctrina segura con respecto a la naturaleza; sería de hecho algo temerario"[31]; por otro lado, no es menos cierto que la autoridad de la Escritura no podría ser reconocida como tal por el ser humano si no es en relación a una *ratio*. La argumentación eriugeniana al respecto consiste en insistir en la fuerza y en el valor de la razón (la cual *imperat, edocet, invitat*

---

30. *De Praedestinatione*, (*PL*, 122, 357-358).
31. *Periphyseon*, Lib. IV, (*PL* 762 C); cfr. *idem.*, Lib. III, p. 262 (*PL* 723 A).

atque coartat[32]) y, a la vez, en señalar que, de hecho, la felicidad humana no consiste sino en el conocimiento de la verdad, siendo su miseria la ignorancia de la misma: "No hay muerte peor que la ignorancia de la verdad, ninguna vorágine es más profunda que la de dar aprobación a cosas falsas como si fuesen verdaderas, lo cual es propio del error"[33].

La *ratio* cumple aquí justamente su papel: se presenta como exigencia de justificación de la fe, como mediación para hallar el fundamento racional de la fe. El contenido de la fe es anterior, y se presenta entonces como preparación para el conocimiento. La fe cumple desde ahí el papel de una acción que, activando al entendimiento, le empuja a la comprensión, cuyo ejercicio inquisitorio debe descansar al final en la contemplación, propia del *intellectus* o tercer grado de conocimiento. La *ratio* es así una mediación cognoscitiva en orden a la contemplación del objeto de la fe y en esa misma medida no puede ser autónoma con respecto de la misma. La *ratio* se mueve en Eriúgena en el contexto de la fe, en el sentido de que la búsqueda racional es para él elemento integrante del quehacer religioso; dedicarse a tal investigación significa concretar la propia *pietas*. La inquisición que supone la razón no es así un *plus* que se añada a la fe, sino que Eriúgena le atribuye una importancia decisiva en orden a la felicidad última de la persona. Sólo en este sentido puede entenderse, a mi juicio, la siguiente afirmación: *Nemo intrat in celo nisi per philosophiam*[34].

A su vez, la mediación cognoscitiva que supone el ejercicio de la razón obtiene su acabamiento en la exteriorización del pensa-

---

32. Cfr. *Periphyseon*, Lib. I, (*PL* 480 A).

33. *Periphyseon*, Lib. III, p. 98 (*PL* 650 A).

34. *Annotationes in Marcianum Capella*, 57, 15. Ed. de B. Hauréau, *Le commentaire de J.S.E. sur Martianus Capella*, en "Notices et extraits de quelques manuscrits de la Bibliothèque impériale", París 1862, XX, 2.

miento, esto es en el lenguaje. El lenguaje como exteriorización del pensamiento es la *vox* exterior que expresa la *vox* interior (*verbum, animus*). La palabra interior y la palabra exterior se corresponden aquí con el binomio oculto-manifiesto, o invisible-visible. La palabra expresada es interpretativa o mediadora del espíritu: "Es entonces la voz intérprete del alma. Pues todo lo que con anterioridad el alma piensa y ordena de modo invisible, lo profiere mediante la voz sensible"[35].

En analogía con la encarnación de la Palabra de Dios, en la que el Dios invisible e inaccesible se manifiesta, mediante las palabras humanas el pensamiento se hace comprensible fuera de sí mismo. Pero, como ha señalado W. Beierwaltes tal exteriorización no supone nunca en el pensar eriugeniano una separación de lo exterior y lo interior; antes bien, la posibilidad misma de la expresión de la verdad en el lenguaje supone que éste permanezca unido al pensamiento interior que lo ha generado: "*visibilium interpretationem in invisibilium intellectuum uniformitatem resolvit*"[36].

En este proceso explicativo, Eriúgena avanza decididamente en el camino del conocimiento humano, centrándose posteriormente en el propio sujeto del conocimiento, esto es, en el pensamiento interior. Es en efecto su antropología de la persona como *imago Dei* la que en última instancia permite comprender el valor del esfuerzo de la razón en la conquista de la verdad y del conoci-

---

35. *Jean Scot, Commentaire sur l'Evangile de Jean*, Introduction, texte critique, traduction, notes et index de E. Jeauneau, *Sources chretiennes*, 180, Cerf, París 1972, Lib. I, XXVII, 72-74. (*PL* 304 B). Cfr. W. Beierwaltes, "Zu Augustins Metaphysik der Sprache", *Augustinian Studies*, 2, 1971, pp. 179-195, la referncia a S. Agustín: *Sermo* 288, *De voce et verbo* (*PL* 38, 1302-1308); *Periphyseon*, Lib. III, p. 58 (*PL* 633 B).

36. Cfr. W. Beierwaltes, "Sprache und Sache. Reflexionem zu Eriugenas Einschätzung von leistung und Funktion der Sprache", *Eriugena. Grundzüge*, p. 59.

miento del Absoluto. Efectivamente, desde su doctrina de la iluminación y del *intellectus* como máximo grado de conocimiento, advierte que el conocimiento humano de la verdad, así como su expresión, no es posible sino porque el alma humana se halla radicalmente fundada en Dios o el Absoluto. Basándose en *Mateo*, 10, 20[37], advierte que el hombre, desde su radicación en la fe, no pronuncia ni piensa sino aquello que Dios mismo –el Espíritu– dice a través de él. Dios aparece así como la luz del mundo inteligible que se hace comprensible a través de un conocer humano iluminado: "Así como el aire, que no luce por sí mismo y al que se le ha atribuido el nombre de tinieblas, es capaz de recibir la luz del sol, así nuestra naturaleza que, considerada en sí misma, es una sustancia de tinieblas, es sin embargo capaz de recibir la luz de la sabiduría. Pero el aire, cuando participa de los rayos del sol, no luce por sí mismo; es el esplendor lo que se manifiesta en él, de tal modo que, sin perder la oscuridad de su naturaleza, recibe una luz que viene de fuera. Lo mismo ocurre con nuestra naturaleza dotada de razón: cuando posee la presencia del Verbo de Dios, conoce las realidades inteligibles y a Dios mismo, no por sus propias fuerzas, sino gracias a la luz divina"[38]. En otras palabras, su comprensión del conocimiento humano se halla íntimamente relacionada a la comprensión de la propia religiosidad de la persona humana.

Desde esta perspectiva, cabe entender que la presencia de Dios en el alma es justamente aquello que hace al ser humano capaz de conocer a Dios. Ello se hace máximamente manifiesto cuando el ser humano se conoce a sí mismo: en el acto de autoconocimien-

---

37. *Periphyseon*, Lib. I, p. 76 (*PL* 522 B): "Non vos estis qui amatis, qui videtis, qui movetis, sed spiritus patris qui loquitur in vobis veritatem de me (...)".

38. *Homilia in Prologum S. Evangelium secundum Joannem*, Introducción, texto y notas de E. jeauneau, *Sources Crétiennes*, 151, Cerf, París 1969, XIII (*PL* 290 C-290 D).

to, el hombre no se encuentra a sí mismo, sino al Absoluto[39]. El conocimiento de sí aparece entonces como inseparable del conocimiento del Absoluto; en Eríugena, este proceso cognoscitivo se cumple en forma de círculo: el intelecto divino posibilita el inicio del autoconocimiento humano, pero este adquiere su cabal cumplimiento en el conocimiento de Dios. Se completa así el retorno de todo lo condicionado y lo finito a su principio trascendente. Dios se presenta entonces tanto como sujeto y objeto de la búsqueda de su propia verdad que supone el conocer humano: cuando se encuentra, no se halla al sujeto que busca, sino a lo buscado: "*Nam si invenitur, non ipse, qui quaerit, sed ipse qui quaeritur, et qui est lux mentium invenit*"[40]. El movimiento *ad interiora* se completa con el movimiento *ad superiora*; en estas condiciones, el alma, imagen de Dios, retorna a Dios, y el cuerpo, imagen del alma, retorna al alma. La imagen reproduce en su estructura misma la unidad divina de la cual participa.

Ahora bien, en el término de este proceso, Dios aparece sobre todo como luz, como objeto de contemplación, pero no ya de discurso racional; aparece como inefable e innombrable. De ahí la conocida doctrina eriugeniana de que de Dios solamente puede hablarse traslativamente o metafóricamente: *nihil de Deo propie posse dici*. La teología negativa se completa así con la teología afirmativa, la cual a su vez, no puede expresar al Absoluto dentro de los límites que supone el pensamiento conceptual, y tiene, por lo tanto, que recurrir a la *similitudo* y, por lo tanto, siempre inadecua-

---

39. "Nam non solum nos ipsos non prohibemur, verum etiam iubemur quaerere dicente salomone: Nisi cognoveris tipsum, vade in vias gregum", *Periphyseon*, Lib. V, (*PL* 941 B)."Quodsi intellectus aliquis se ipsum perfecte intelligit, profecto Deum intelligit, qui est intellectum omnium (...) quomodo dici poterit, se ipsum plane intelligere, dum non intelligit omnium intelectuum, adeoque nec sui ipsius?" (*idem.*, C).

40. *Periphyseon*, Lib. II, p. 23 (*PL* 533 B); cfr. *idem.*, p. 104, (*PL* 512 B).

damente: desde la doctrina de la *teophania*, el mundo no es comprensible sino como *divina metaphora*[41] De hecho, si una expresión adecuada fuera posible acerca del Absoluto, ello implicaría la total autorrevelación de Dios en el mundo, concepción totalmente ajena a la trascendencia eriugeniana y que impide considerarle en modo alguno (*à la lettre*) como precursor del panteísmo; sino más bien como una clave de comprensión en el camino que lleva a Nicolás de Cusa.

f. Manifestación y analogía

Sostener, tras lo alcanzado hasta ahora que lo finito es una manifestación del infinito –desde la obra *De visione Dei* y el *Periphyseon*– significa propiamente que la mirada de lo finito hacia Dos hace que cada ente finito se vea en el Absoluto como en un espejo que le devuelve la verdad eterna de su ser, que se vea como él mismo es y fue eternamente concebido, pues ve su verdad en el modelo. Al mismo tiempo, el símil especular nos muestra con claridad la eterna inmutabilidad del Absoluto.

Desde las anteriores consideraciones, puede confirmarse que el símil del espejo, en el nervio mismo de su significado metafísico, es el adecuado para caracterizar la entera *Weltanschauung* del Cusano. En última instancia –como ya hemos apuntado y en las palabras del propio Nicolás de Cusa– todas las criaturas son "varios espejos" que "participan del mismo rostro de diversos modos"[42]; donde el ser espejo no tiene una función meramente

---

41. *Periphyseon*, Lib. I, p. 62 (*PL* 453 B).

42. *De docta ignorantia*, Lib. II, cap. 2.: "ut plura specula eandem faciem diversimode, cum non sit esse creaturae ante ab-esse, cum sit ipsum, sicut speculum ante est speculum quam imaginem faciei recipiat".

alegórica, sino que permite captar la entidad de un modo más complejo que el que nos ofrece el concepto. Aquí quiere decir que cada cosa, procediendo esencialmente de un principio metafísico del que deriva toda su realidad, traduce y manifiesta ese principio a su manera y según un orden de existencia. La imitación y reproducción del Principio que supone la expresión y que, a su vez, presupone la "inmanencia" del Absoluto en lo relativo y contingente, no puede, en el Cusano, derivar en el panteísmo. En efecto, el que es Uno permanece siempre como lo inexpresable y anterior a todo lo visible manifestado en este mundo; en este punto se pone de nuevo de manifiesto el doble aspecto de ocultación y de desocultación que lleva aparejado la idea de expresión o manifestación. El mismo principio existe de modo inexpresable por encima de todos los opuestos y de las cosas expresables, compruebo que es anterior simultáneamente al máximo y al mínimo, superpuesto sobre todas las cosas que puedan expresarse. La manifestación y lo manifestado no coinciden aquí; fuera de todo posible inmanentismo, lo finito remite al Infinito como a lo "indesignable": "El mundo es la figura de lo infigurable y la designación de lo indesignable. El mundo sensible es figura del mundo insensible, y el mundo temporal es figura del eterno e intemporal. El mundo figurativo es imagen del mundo verdadero e infigurable"[43]., Porque lo que se manifiesta en el mundo es lo que el Absoluto ha visto en sí mismo, y lo exterioriza en el mundo *quasi pictor*: "Tú, señor, que lo haces todo para ti mismo, has creado todo este mundo por causa de la naturaleza intelectual, como si fueses un pintor que mezcla diversos colores, para por último poder pintarse a sí mismo, y tener una imagen propia, en la que pueda tener su propia complacencia y su arte encuentre reposo; y aunque el pintor es uno y no es multiplicable, sin embargo procura

43. *Idem.*, 254.

multiplicarse del modo en que le es más posible, es decir, en una imagen parecidísima"[44].

Finalmente, lo finito aparece en su verdad, primero, en cuanto manifestación visible del que es invisible, y, después, porque al mirarse en Aquel del que procede toda verdad, se ve a sí mismo en cuanto certera y real manifestación: "Por tanto, todo rostro que puede mirar tu rostro, no ve otra cosa o algo diverso de sí mismo, porque ve su propia verdad. La verdad del modelo no puede ser otra o diferente de cómo es; esas características de alteridad o diversidad le advienen a la imagen por el hecho de que no es el modelo mismo"[45].

Diremos finalmente que si la filosofía quiere abordar racional e íntegramente el estudio de la finitud en el marco de una metafísica creacionista, ha de investigar el significado de la *analogia entis*. Seguramente deberá partirse de la condición creatural de lo finito, lo cual realza sus límites y su entidad ontológica. Después, habrá de estudiarse la condición relacional de la finitud, la cual justamente destaca su identidad, Y entonces, hablar de la relación Dios-criatura, no ha de significar el poner a Dios y a la criatura en un mismo plano, el del ser, donde ambos extremos convendrían. El *ex nihilo* de lo finito enseña la distancia infinita que media entre el ser creado y el Creador, a la vez que la dependencia de la criatura respecto de Dios. El filósofo Fernando Inciarte expresó estas ideas de un modo magistral en el siguiente texto: "Dios y la criatura aparecen como inconmensurables entre sí, en el sentido de que no hay un ser que sea común a ambos en ninguna acepción. La criatura es nada por sí misma no sólo en el sentido de que ha sido creada. Más bien es de tal forma que el ser de la criatura se agota como *ser creado*. El *ser creado* ya no es visto como un accidente

---

44. VD, XXV, 116.
45. VD, VI, 18.

de la criatura, sino como todo su ser. La criatura no es nada sólo porque haya sido creada. No es algo, ya sea esto o aquello, árbol, montaña o cualquier cosa, y además creada, sino que no es nada fuera de su ser creado. Por tanto, la criatura es sólo porque continuamente huye de la nada en la que recaería si no fuera creada de modo incesante. En esa medida, la criatura está siempre al principio y no abandona nunca el origen, puesto que consecuentemente no es otra cosa que criatura del creador"[46].

La alteridad entonces que supone la finitud proviene de la creación, entendida como expresión de la causalidad del Absoluto, el cual es la máxima identidad. La manifestación de Dios en el ejercicio de su actividad creadora no puede igualarle: la unidad y la unicidad del Absoluto requieren composición, y que lo producido sea múltiple. De este modo, si bien Dios es el ejemplar de toda criatura, no puede sostenerse que lo creado mantenga una relación de reciprocidad con respecto de su origen. La argumentación al respecto es la siguiente: en aquellas cosas que se relacionan según el modo de la causa y lo causado no se encuentra, propiamente hablando, la reciprocidad de la similitud. Se trata entonces de sostener una relación asimétrica entre la criatura y el Creador: la criatura imita a Dios en la distinción que supone su naturaleza de creada, y esta imitación se halla fundada en la previa expresión de toda criatura en el Verbo. Esa imitación no significa que el mundo creado represente a Dios como un icono, o que la esencia divina deba ser considerada como un modelo extrínseco, sino que significa que la criatura finita participa del ser divino de un modo tal que le permite asemejarse a Él activamente. La participación no supone así un descenso del ser divino, sino más bien un ascenso de la criatura hacia el Logos divino.

46. F. Inciarte, *Imágenes, palabras, signos. Sobre arte y filosofía* (ed. L. Flamarique), Eunsa, Colección Cátedra Félix Huarte, Pamplona, 2004, 82.

VI

La libertad de la imagen

Existe en Nicolás de Cusa un planteamiento de la libertad desde la consideración de la finitud y alteridad de la imagen; lo cual nos acerca a una comprensión de la *imago Dei*, no solamente comprendida desde el conocimiento intelectual, sino desde la misma radicalidad de la libertad.

En un contexto de comprensión del ser humano como creado a hechura e imagen divina, Nicolás de Cusa ha considerado que la visión y la unión con el Absoluto no solamente conduce a la felicidad sino que conlleva la expresión de la máxima libertad que lo humano puede alcanzar, esto es, la posesión plena de sí. Esta convicción se presenta en su obra *De visione Dei* en un ambiente medido por la actitud de la persona orante, que se dirige a Dios en la búsqueda de sí misma y en el anhelo de acceder al que se sabe es inaccesible.

En este entorno Nicolás pregunta a Dios: "¿Cómo llegará mi oración hasta ti, que eres completamente inaccesible? ¿Cómo te suplicaré? ¿Pues hay algo más absurdo que pedirte que te me des, tú que eres todo en todos? (…) Más aún, ¿cómo te darás a mí, a menos que tú no me des a mí a mí mismo?"[1]. Se nos retrata al ser

---

1. VD, VII, 25.

humano en una representación de ser interrogante, buscador de respuestas por parte del que es infinito y señor de todas las cosas.

Reconociéndose él mismo imagen viva de la divinidad –como tendremos ocasión de comprobar– oye en su interior la voz de aquel que lo atrae hacia sí habiéndolo hecho a su imagen y semejanza: "Y cuando descanso así en el silencio de la contemplación, tú, Señor, me respondes diciendo en lo más íntimo de mi corazón: Sé tú mismo y yo seré tuyo".

En este marco de diálogo el hombre escucha lo que consideramos constituye el núcleo de la idea cusiana de libertad y la hondura de su significado en orden a la consecución de la plenitud humana; y a ello sigue la reflexión del Cusano dirigida al Absoluto: "Has puesto en mi libertad que, si yo lo quiero, yo sea yo mismo. Por tanto, si yo no soy yo mismo, tú no eres mío; de otro modo coartarías mi libertad, ya que tú puedes ser mío únicamente cuando yo sea yo mismo. Pero como has establecido esto en mi libertad, no me coartas, sino que esperas que yo escoja ser yo mismo"[2]. En este entorno el ser sí mismo de la imagen ha de conllevar el propio reconocimiento de la existencia en dependencia y como manifestación de la visión creadora. La cuestión que se abre a partir de aquí reside en si la libertad propugnada por Cusa para la imagen se halla en congruencia con el sentido de la criatura en cuanto manifestación visible de la visión creadora.

En el sentido apuntado puede afirmarse que si la representación de la alteridad del yo como expresión de la autonomía de la libre subjetividad, conlleva la difuminación de los fines propios de una naturaleza racional, Nicolás de Cusa presenta, en el siglo XV y en contraposición con esta primacía de la diversidad, el ámbito de la finitud creada como manifestación de la Identidad creadora;

2. VD, VII, 25.

y ello en tanto que para él "la alteridad no puede ser un principio de ser"[3]; y este principio metafísico se concreta en la noción del ser humano como "imagen viva de Dios".

El propósito ahora reside en sostener que el reconocimiento de ser manifestación, y, más concretamente, imagen viva, es precisamente lo que ha de permitir la expresión de la libertad en la dirección señalada de escoger ser uno mismo.

La negatividad que pudiera conllevar la alteridad para lo finito es sin embargo subsanada por el Cusano cuando se trata de fijar los límites exactos de la imagen creada y su consecuente dinamicidad al pretender realizar la verdad en la que consiste y a la que aspira; y ello siguiendo el principio enunciado en *La docta ignorancia*, según el cual el ser humano no aspira a poseer otra naturaleza, sino a perfeccionar la suya propia.

La alteridad expresa la circunstancia de que todo ente finito, en base precisamente a su finitud y su ser creado, no es lo otro y precisamente por ello puede pensarse como otro. Así, el hecho de que todo sea en Dios "complicativamente" nos hace ver, por un lado, que aparentemente el ser de la imagen se disuelve en el modelo, pues las criaturas, observa Nicolás dirigiéndose a Dios, *non sunt alia a te*: "Tú eres la infinitud que lo abarca todo. No hay nada, por tanto, fuera de ti. Todas las cosas, en ti, no son distintas de ti. Tú me enseñas, Señor, cómo la alteridad, que no existe en ti, incluso no es en sí misma ni puede serlo"[4]. El problema que surge es que, si ninguna alteridad es posible en aquel que es el origen, el principio y el fundamento de todo ser, de alguna manera debe poder explicarse, no ya solamente la multiplicidad y la diversidad de lo que denominamos mundo "fuera de Dios", sino, y sobre todo

---

3. *Alteritas igitur non potest esse principium essendi*, VD, V, 14.
4. VD, XIV, 58. Recuérdese que este Capítulo XIV lleva por título: "Dios complica todas las cosas sin alteridad".

para el tema que nos ocupa, la relativa independencia en el ser que debe poseer la imagen creada para expresar su libertad.

Abundan los estudios sobre la aserción de que la libertad implica una progresiva interiorización en el conocimiento de lo que uno es para, de hecho, llegar a escoger libremente lo que se reconoce como propio ser en unidad con la dependencia de la trascendencia. Podríamos decir con el de Cusa que n mi libertad yo no soy por mí mismo, sino que me soy dado en ella. Yo no puedo ausentarme de mí mismo y no forzar mi ser libre. La más alta libertad se encuentra en la libertad con respecto del mundo y como profunda unión con la trascendencia.

En el marco de estas reflexiones, Nicolás de Cusa no ha dejado nunca de señalar, por otro lado, el estatuto ontológico de la imagen, que nunca es el modelo mismo; y así, siendo el rostro divino el modelo, la medida, el ejemplar y la verdad de todo aquel que en él se mira, no por ello queda identificado con la imagen creada, pues él mismo es "incontraíble e imparticipable". Por ese motivo, quien logra mirarse en el Absoluto como modelo a imitar ve en realidad su propia verdad finita en la verdad Absoluta. De este modo lo expresa nuestro autor: "Por tanto, todo rostro que puede mirar tu rostro, no ve otra cosa o algo diverso de sí mismo, porque ve su propia verdad. La verdad del modelo no puede ser otra o diferente de cómo es; esas características de alteridad o diversidad le advienen a la imagen por el hecho de que no es el modelo mismo"[5]. De esta manera el ámbito de lo finito se entiende ligado, ciertamente, a la unidad o identidad fundante, pero, además y junto con ello, determinado en su finitud por la alteridad que permite la diversidad y lo múltiple, y, además, la diferencia o distancia respecto del modelo. Y, en todo caso, requiere –la finitud– la reconducción, según el principio neoplatónico del regreso a la unidad, de lo múl-

_____

5. VD, VI, 18.

tiple a lo uno, en lo cual se constituye precisamente la perfección a la que está llamada la imagen. Del siguiente modo lo expresó Werner Beierwaltes: En el ámbito de lo finito el penetrarse recíproco de unidad y alteridad o de identidad y diferencia, implica como consecuencia que en él nada *es* lo que puede ser. El ser está permanentemente determinado por el no-ser, porque en todo ente siempre hay algo inconcluso, y por eso su realidad no está terminada, sino abierta permanentemente –en la sucesión temporal– a una realidad nueva, es decir la realidad está en el horizonte de la posibilidad y del tiempo; y aquí es precisamente donde se abre el campo de la libertad, esto es, en la posibilidad de alcanzar aquella perfección que se encierra en la visión eterna de Dios sobre cada ser.

a. Ser sí mismo

Nicolás de Cusa señala, en un modo de filosofar que se esclarece progresivamente en el lenguaje con Dios, la esencial relación de la persona al Absoluto, a la par que la necesidad de la libertad para que se dé la posibilidad de responder al que llama al ser humano a una plenitud –que no reside sino en la unión con Él– cada vez mayor. Se entiende desde aquí que el ser de lo humano reside en ser citado a ser el interlocutor de la divinidad: "Tú nos atraes hacia ti con todos los posibles modos de atraer con los que la criatura racional puede ser atraída"[6]. Porque el Absoluto no abandona a lo humano a sí mismo: "Tú no me abandonas, Señor; me proteges en todas partes, ya que tienes una esperadísima solicitud por mí"[7].

6. VD, XV, 66.
7. VD, IV, 10.

Este emplazamiento a ser el interlocutor de lo divino no puede tener lugar, no obstante, sin que la imagen creada se manifieste libremente y elija ser precisamente aquello que es y la distingue: "En consecuencia, mientras yo sea capaz de ti, tú no podrás abandonarme nunca. Por tanto, a mí me compete, tanto cuanto me sea posible, hacerme continuamente más capaz de ti".

Tratemos de explicar lo anterior. La idea de imagen –referida al ser humano– conlleva en Nicolás de Cusa la relación de dependencia de esa en relación al Absoluto creador, en tanto que toda criatura es una visión de Dios. Se comprende entonces que para el Cusano la visión de Dios, el ver a Dios mismo, contemplarlo tal como es, nombra un anhelo primordial del hombre.

Y así, ciertamente, la visión creadora permite entender la providencia divina y la dependencia de la criatura respecto de Dios. Nos lo recuerda el propio Nicolás desde el emblema del ícono con el que comienza el Prefacio de la obra *De visione Dei*: "Y como la vista del ícono te mira del mismo modo en todo lugar y no te abandona donde quiera que vayas, se estimulará en ti una consideración especulativa, y te llevará a decir: Señor, en esta imagen tuya veo ahora, en una cierta experiencia sensible, tu providencia"[8]; o también: "Tu visión es providencia"[9].

Verdad e imagen, en definitiva, se unen en la visión absoluta, pero a la vez queda fijado el estatuto propio de cada uno de los extremos: "Mi rostro es verdadero rostro, porque tú, que eres la verdad, me lo ha dado. Y mi rostro es también imagen, porque no es la misma verdad, sino una imagen de la verdad absoluta"[10].

Por otra parte, el reconocimiento del propio ser como visión de Dios permite entender, primero, la presencia del Absoluto en todas

8. VD, IV, 9.
9. VD, VIII, 28.
10. VD, XV, 64.

las cosas; y, segundo, el hecho de que cada criatura que se reconoce imagen de este modo, elija libremente ser ella misma como es: "Tú, el ser absoluto de todas las cosas, estás presente a cada una de ellas como si no te preocuparas de ninguna otra. Y por esto no hay ninguna cosa que no prefiera su ser al de las otras, y su modo de ser al de todas las demás; cada cosa defiende su ser propio de manera tal que permitiría que pereciera el ser de todo lo demás antes que el suyo propio"[11].

b. Escoger ser sí mismo

Desde lo anterior, la libertad humana se muestra en un primer grado en el hecho de que se puede actuar de modo distinto al que uno debiera: "Eres tan noble, Dios mío, que quieres que amarte o no amarte dependa de la libertad de las almas racionales. Por eso, tu amar no lleva consigo que seas amado"[12]. Podría aseverarse que para el Cusano la significación más propia del ser imagen de Dios por parte del hombre, su ser-yo y su ser-persona, reside precisamente en la libertad, en tanto que es esta la que permite el, por así decir, automovimiento del hombre hacia Dios, esto es, la plena posesión de sí de la que hablábamos al principio. En Nicolás de Cusa se hallaría de este modo incoada la idea moderna de libertad como el concepto de la capacidad de autodeterminación.

Pero, además y más allá de la posibilidad de la autodeterminación, el reconocimiento propio de aquella visión amplía la capacidad de la manifestación libre de la imagen; mientras que el dar la espalda al "espejo vivo de la eternidad" restringe esa posibilidad de libre manifestación de la imagen. Pues, así lo explica el Cusano,

11. VD, IV, 9.
12. VD, XVIII, 80.

si la imagen no se mira en su verdad pasa de ser "sombra viva" a ser solamente "sombra". Dios en efecto aparece en la obra como "el espejo vivo de la eternidad", que es "la forma de las formas" y "cuando alguien mira en este espejo, ve su propia forma en la forma de las formas, que es el espejo. Y considera que la forma que ve en el espejo es la figura de su propia forma, porque así sucede en un espejo material pulimentado; sin embargo, es verdadero lo contrario, porque lo que ve en el espejo de la eternidad no es la imagen, sino la verdad, de la que el mismo espectador es imagen. Por tanto, la imagen en ti, Dios mío, es la verdad, y el modelo de todas y cada una de las cosas que son o pueden ser"[13].

Al ver su verdad en la verdad absoluta, el ser humano ve su fundamento y se ve así mismo en él. Se piensa como un modo de una verdad ontológicamente constituida y que al mismo tiempo se realiza a sí misma. Tal es la determinación central de la persona y su dignidad en lo que se refiere a este tema desde la especulación sobre la libertad. Finalmente, vamos a ver a continuación cómo en el ser consciente de sí mismo reside la posibilidad de la expresión o manifestación de la libertad del hombre como imagen viva de la divinidad.

Así, Nicolás ha considerado que en la consecución cognoscitiva y volitiva de la propia verdad, corresponde a la voluntad libre manifestarse como imagen. Esta libertad no es sino la imagen de la omnipotencia divina: "Y esta fuerza que yo obtengo de ti y en la que poseo la viva imagen de la fuerza de tu omnipotencia, es la voluntad libre, mediante la cual puedo ampliar o restringir la capacidad de recibir tu gracia"[14]; y de este modo la conciencia de la libertad es a la vez la conciencia de Dios; y ello en tanto que la voluntad libre se capacita más y más, acercándose a la omnipotencia

13. VD, XV, 63.
14. VD, IV, 11.

divina, en tanto en cuanto el ser humano actúa "en conformidad" con el creador[15]. La persona que es consciente de su libertad es a la vez consciente de Dios. Esto es así porque el ser imagen de Dios no significa sino ser *capax dei*, capaz de participar de Dios; y es precisamente como imagen viva de Dios que el hombre descubre su libertad, como vimos anteriormente[16].

Esa conciencia no es sin embargo necesaria, en el sentido de necesitante respecto de la dinamicidad de la imagen; antes bien, cabe la posibilidad de que el ser creado retire su vista del modelo: "Cuán fatuo es el que te busca a ti, que eres la bondad, y mientras te busca se separa de ti y retira sus ojos. Pues todo el que busca no busca otra cosa sino el bien, y todo el que busca el bien y se separa de ti, se separa de aquello que busca"[17]. Esta idea de la posibilidad del alejamiento se halla presente en *De visione Dei* precisamente en este contexto de la libertad humana como imagen creada de la libertad divina, y, por tanto, desde la consideración de la filiación divina: "Por la libertad que nos has concedido a nosotros porque somos hijos tuyos, tú que eres la libertad misma, aunque permitas que nos alejemos y consumamos nuestra libertad (...)"[18].

Por la voluntad libre la persona puede ampliar o restringir la capacidad de recibir la gracia divina; y esa es ampliada precisamente a través del mirar el ojo espiritual humano al Dios vivo: "Puedo ampliarla por la conformidad contigo, cuando me esfuerzo en ser bueno porque tú eres bueno. (...) Todo tu esfuerzo está dirigido a mí, cuando yo te miro atentísimamente sólo a ti y no aparto nunca de ti los ojos del espíritu, porque tú me abrazas con una visión continua, cuando yo encamino mi amor sólo hacia ti, porque tú, que

---

15. Cfr. VD, IV, 11.
16. Cfr. VD, IV, 11.
17. VD, IV, 14.
18. VD, VIII, 28.

eres amor, estás encaminado sólo hacia mí"[19]. Desde aquí, la fuerza
en la que consiste la libertad se determina así cada vez más según
la semejanza o cercanía respecto del Absoluto. "Veo así que la naturaleza racional humana es unible a tu naturaleza divina sólo en
cuanto que ésta es inteligible y amable, y que el hombre que te afe-
rra a ti, como su Dios apto para ser recibido, pasa a una unión que,
por su vinculación tan estrecha, puede recibir el nombre de filiación; no conocemos un nexo más estrecho que el de la filiación"[20].

Podemos deducir, por lo hasta ahora alcanzado, que la alternativa –en términos kierkegaardianos– del o / o parece difumi-
narse aquí; pues la posibilidad de la decisión de la libre voluntad
de dirigirse hacia el creador se orienta más decididamente hacia
positividad de los diferentes aspectos del bien. De hecho, en la
toma de conciencia de sí como imagen viva de la divinidad, la
persona humana advierte la real y continua presencia del creador
en su itinerario vital, además de conseguir ese conocimiento de sí
que proporciona el ser imagen creada. La consecuencia de ambos
aspectos es que la auténtica libertad ha de residir en la elección de
sí, y por lo tanto no cabría el rechazo de lo que uno es. El siguiente
texto lo muestra bien a mi juicio: "La verdad absoluta no puede
abandonar la verdad de mi rostro. Si la verdad absoluta la aban-
donase, mi propio rostro, que es una verdad mutable, no podría
subsistir. (…) No podemos odiarnos a nosotros mismos. Por eso,
amamos lo que participa y acompaña nuestro ser; y abrazamos
nuestra semejanza, porque nos representamos en la imagen en la
que nosotros mismos nos amamos"[21]; es de este modo cómo la
persona humana y su libertad se nos muestran desde la imagen de
la omnipotencia creadora de lo divino.

19. VD, IV, 11.
20. VD, XVIII, 82.
21. VD, XV, 65.

Seguramente lo anterior se halla mejor representado en una obra escrita hacia la misma época que la que nos ocupa en la presente investigación, esto es, *De ludo globi* (*El juego de la pelota*), donde Nicolás explica bien el viaje del alma hacia su propio centro, que no es otro que Dios. Subraya ahí cómo el hombre se pone en movimiento con su alma, en cuya naturaleza reside precisamente ser la fuerza del propio movimiento. Se refiere, evidentemente, a un tipo de movimiento puramente intelectual. Enseña entonces cómo el alma se conoce a sí misma en su naturaleza intelectual; y que las funciones del alma intelectiva son: el pensamiento (*cogitatio*), la consideración (*consideratio*) y la determinación (*determinatio*). Tales funciones intelectuales son entendidas como esencialmente relacionadas con la libertad y la creatividad. Por ello, en otras obras, como *El Berilo*, el hombre es considerado como "un segundo Dios", pues es en su actividad libre y creativa donde la persona humana se asemeja y se acerca a Dios.

El poder perfecto de Dios se manifiesta de manera más clara en el alma humana, en alma intelectiva, que es, según el capítulo 33 del *De ludio globi*, espléndidamente magnífica, libre de toda coacción. Desde esta libertad, la persona debe realizar y acrecentar durante su vida la semejanza con Dios, especialmente mediante esa su legítima libertad, a través de la cual además ha sido llamada a dominar la tierra.

Parecería que para quien se esfuerza en ir hacia Dios no se daría la posibilidad del extravío y que por tanto el anhelo de la cercanía divina estaría —en el pensar del Cusano— más allá del bien y del mal.

Es verdad que el concepto de libertad no se centra tanto en el aspecto de la posibilidad de decidirse por lo uno o por lo otro, sino en la decisión de determinar y aceptar el ser humano su propio "estatus" interno como imagen viva de Dios; reconoce así a la vez su semejanza, pero también su desemejanza y alteridad respecto del que se busca como fin último y culmen de todo anhelo.

En uno de los primeros textos citados (VD, VII, 25) veíamos a la razón humana que preguntaba, escuchaba –a través del reconocimiento de la propia fragilidad y de la imposibilidad de un pleno conocimiento de un absoluto que se le presenta ante todo como inaccesible y al que no puede "aprehender"–: "Sé tú mismo y yo seré tuyo". Es precisamente esta respuesta la que despierta la conciencia de la propia libertad individual.

La razón comprende entonces, por un lado, el camino que conduce positivamente a la libertad, esto es, que la persona posee esa libertad cuando no deja determinarse desde el exterior, cuando no se pierde a sí misma, sino que vuelve a ella misma de tal modo que puede querer ser sí misma: "Por eso ahora me percato de que si escucho tu palabra, que no cesa de hablarme y brilla continuamente en mi razón, yo seré yo mismo libre y no esclavo del pecado, y tú serás mío y me concederás ver tu rostro, y entonces seré salvo"[22].

La libertad no es entonces una fuerza de decisión hacia el sí o hacia el no, cuanto la capacidad de autodeterminación según la propia naturaleza de lo que se es. La libertad para el Cusano no es en primer lugar la libertad de elección, sino que entiende la libertad en la línea de la autorrealización y de la autoconfiguración. Como lo expresa el propio Nicolás: "Por tanto de mí depende y no de ti, Señor, tú que no contraes tu máxima bondad sino que la difundes con la mayor largueza en todos los que son capaces de recibirla"[23].

Ciertamente, Nicolás reconoce que la persona es consciente de su fragilidad y por lo tanto de la posibilidad de errar; en una pa-

22. VD, VII, 26.
23. VD, VII, 26.

labra, que la libertad de elección hacia lo positivo no es como una flecha que tenga su blanco garantizado de antemano. Aparece, no obstante, el camino: la razón debe guiar a los sentidos, y cuando se conforme a la verdad de su imagen, entonces reconocerá el sentido y el fin de la fuerza creadora en ese su ser imagen viva. O sea, si el ser humano reconoce esa verdad, reconoce también el sentido de la libertad que incluye su propia autorrealización en la unión con Dios.

e. El ser de la imagen como interlocutor del Absoluto

En conclusión, puede sostenerse que el sentido de la libertad, en cuanto manifestación de la imagen, no lleva en Cusa tanto a una mística unión contemplativa, cuanto que se trata más de una llamada personal a ser –la humana persona– el interlocutor de Dios.

Aunque desde luego la finalidad última del hombre en cuanto imagen de Dios es la contemplación cara a cara, la *visio facialis*, que hace referencia a una forma de pensamiento que excede a toda comprensión representativa; esto es, a un ver no intencional. Pero esto ha de realizarse más allá de la vida presente y tiene, por tanto, una dimensión escatológica, haciendo referencia a la verdadera *filiatio*.

En todo caso, en y a través de la libertad es ser humano es capaz de autotrascenderse, y entonces realiza la capacidad suprema del espíritu: la unión con el Absoluto, siendo y permaneciendo plenamente él mismo. En efecto, ahora, en este mundo, el ser humano ha de reconocer que nuestro ver a Dios en la imagen es a la vez nuestro ser vistos por la mirada divina; este ser vistos no anula la independencia en la capacidad de elección de sí; no niega libertad alguna en la posibilidad de escogerse a sí mismo y ser lo que se es.

Antes bien, la persona humana comprende que, si su ser reside en su propio ser visto por el Absoluto, su libertad radica consecuentemente en dirigir la mirada a aquel que todo lo ve. La elección de sí ("Sé tú mismo") entraña a partir de aquí el libre impulso hacia la autotrascendencia del espíritu, o sea, la salida de cualquier tipo de subjetividad reflexiva que llegase a encerrar al yo en los límites de las propias representaciones. Eso implica entrar en una suerte de diálogo unitivo con la divinidad, la cual es el modo de arribar a la plenitud a la que inicialmente se convoca a la imagen viva creada: "Todos los demás espíritus intelectuales son, mediante ese espíritu, semejanzas suyas; y cuanto más perfectos son, tanto más son semejantes a él. Y todos se aquietan en ese espíritu, como en el grado más alto de la perfección de la imagen de Dios, imagen de la que han obtenido su semejanza y su propio grado de perfección"[24].

Esa plenitud queda arraigada a través de la libre autoposesión en la aceptación de lo que la conciencia entiende de sí; y esa autoposesión se consigue a través de la autodeterminación de dirigir la mirada a aquel que, al ser mirado, devuelve, a la persona humana su verdad ("Yo seré tuyo").

f. Conocimiento y libertad

En consonancia con lo anterior, el intelecto se presenta en Cusa como lo primero, en segundo lugar, el conocimiento se halla aparejado a la noción de manifestación y, en tercer lugar, se advierte que el conocimiento de sí conduce al conocimiento del Absoluto creador. La cita ha de conducirnos a una noción de conocimiento como interpretación de las cosas, en la medida en adquieren un

24. VD, XXV 118.

significado en la mente humana. En este contexto pueden entenderse sus difíciles palabras: "Es conveniente en primer lugar que prestes atención a que el primer principio es uno, y que según Anaxágoras se denomina intelecto (Platón, Fedón, 97 b ss; Aristóteles, Metafísica I, 984 b, 15-18), a partir del cual todas las cosas llegan al ser, de modo tal que llegue a manifestarse él mismo. El intelecto, en efecto, tiene su deleite en mostrar y comunicar la luz de su inteligencia (Proclo, Theología platónica, V, 12). El intelecto creador, puesto que se hace a sí mismo fin de sus propias obras, es decir, para que su gloria se manifieste, crea las sustancias cognoscitivas, las cuales puedan ver su propia verdad, y a ellas el creador mismo se ofrece a sí mismo como visible en el modo en que ellas tienen la capacidad de aferrarlo. Esto es lo primero que hay que saber, y en ello se contienen de modo implícito las cosas que hay que aferrar"[25].

Esto escribe Nicolás de Cusa en *El Berilo* en 1458, y en una obra que recoge prácticamente todos los temas de su pensamiento anterior. En 1450 terminaba los Diálogos *Del Idiota*, de los cuales, para nuestro tema el más importante es *La mente*; y en 1453 terminaba *La visión de Dios*. En el primero de estos trata de la fuerza de la mente humana para recrear el mundo dentro de sí, de tal modo que se asemeja al creador en cuanto que es capaz de complicar en sí el mundo de las explicaciones o semejanzas de los ejemplares divinos. Dicho de otro modo, la verdad de las cosas, que sería inaccesible en su origen divino, resplandece y se ilumina en y a través del conocimiento humano. En *La visión de Dios* trata de la relación entre ver y crear en el Absoluto y el ser de la humana finitud en cuanto es vista por el Absoluto y, desde el alma intelectiva, es capaz de contemplarlo.

---

25. Nicolás de Cusa, *El Berilo*, 4, Traducción e introducción de Ángel Luis González, Eunsa, Colección de Pensamiento Medieval y Renacentista, p. 196.

En torno a las cuestiones antedichas tratará el texto que sigue a continuación teniendo presentes tres objetivos: 1) comprender la intelección como conocimiento de sí y remitencia al Absoluto; 2) advertir la noción de mente como imagen viva capaz de recrear el mundo dentro de sí; 3) llegar a comprender que Nicolás de Cusa inaugura una nueva teoría del conocimiento que, aunque haya sido interpretada como prefiguradora del kantismo, no es exactamente así, aunque inicia un nuevo modo de comprender el conocimiento en el que la primacía se otorga al sujeto y no a la realidad en sí, distanciándose así del pensar anterior.

Según Nicolás de Cusa, el alma intelectiva, cuando escruta dentro de sí, contempla a Dios y a todas las cosas; así lo leemos en *La caza de la sabiduría*: "Debido a que el conocimiento es asimilación, encuentra todas las cosas en sí mismo como en un espejo viviente dotado de vida intelectual, el cual mirando a sí mismo ve en sí mismo todas las cosas como asimiladas a sí. Y esta asimilación es la imagen viva del creador y de todas las cosas"[26]. A la luz de esta doctrina, vincula el conocimiento de las cosas con el autoconocimiento del alma como imagen de Dios, y en este sentido supone un nuevo modo de entender el conocimiento.

Al conocer las cosas asimilándolas en sí, el alma se reconoce a sí misma como una imagen viva e intelectual del creador: "Ahora bien, puesto que el entendimiento es imagen viva e intelectual de Dios, que no es otro respecto de cosa alguna, por eso le contempla en sí cuando entra en sí mismo y toma conciencia de que es imagen de la misma índole que su arquetipo"[27]. En el pasaje anterior, la metáfora del espejo opera como nexo lógico entre el autocono-

26. Cfr. Nicolás de Cusa, *La caza de la sabiduría*, XVII, 49, edición bilingüe. Traducción, notas y comentarios de Mariano Álvarez Gómez. Ediciones Sígueme, Salamanca 2014, p. 106.
27. *La caza de la sabiduría*, XVII, 50, p. 107.

cimiento del alma, el conocimiento de Dios y el conocimiento del
mundo: el alma se asemeja a Dios porque es un espejo vivo y por
ser espejo, puede contemplarlo en sí misma y conocerse como imagen suya; y conocer entonces el mundo dentro de sí a semejanza de
cómo están complicadas todas las cosas en el Absoluto.

Como "imagen viva", tiene entonces la capacidad de recrear
en sí misma todas las cosas que, a modo de ejemplares, están en
el intelecto o Logos divino, y por ello es denominada también
medida de las cosas; así lo expresa en *El Berilo*: "Por eso el hombre
encuentra en sí mismo, como en la razón que las mide, todas las
cosas creadas"[28]. La idea de medida implica aquí que la mente humana asimila en sí misma todas las cosas para, por participación
del poder divino, asimilarlas nocionalmente, lo que es descubrir
su inteligibilidad e interpretar su significado en el propio intelecto.
Entre el medievo y la modernidad, podemos aseverar que el ser
humano mide todas las otras cosas, pero, en definitiva, la unidad
de medida no está en él, sino en el Absoluto. La noción de espejo
utilizada por Nicolás de Cusa al respecto no implica que el conocer humano sea reflejo, sino que es imagen viva.

La mente humana es para Nicolás de Cusa imagen de Dios;
pero esto no implica existir como una suerte de copia que se limi-
tase a reflejar el mundo. Al ser imagen, es capaz de hacer manifiesto el contenido del Logos divino. Pero es sobre todo "imagen
viva" que imita al Absoluto "recreando" lo creado, lo cual quiere
decir que, al conocer, configura, o recrea una noción de las cosas
del mundo, y entonces estas adquieren un significado inteligible
para la mente humana; y ello, en efecto, aunque consten de inteligibilidad por la creación. En este sentido se dice que su acción es
asimilativa o nocional, pero no intencional en el sentido clásico,
pues ve y conoce a los entes dentro de sí, al advertirse a sí misma

---

28. N*El Berilo*, 6, p. 197.

como imagen. Podría afirmarse que "produce" su propio actuar, no la realidad. Ciertamente, la mente es principio activo del conocer, pero un principio cuya actividad recae sobre sí mismo y no sobre lo real. Sin lugar a duda, la creación material es manifestación o teofanía, pero el conocer humano, además, como hemos leído, encuentra todas las cosas en sí mismo como en un espejo viviente dotado de vida intelectual, el cual mirando a sí mismo ve en sí mismo todas las cosas como asimiladas a sí. Su acto de conocer consiste en configurar, midiéndolas, las cosas creadas: la mente reproduce en ella lo que no es ella misma –lo real– que comienza a existir de nuevo, mas no en cuanto real, sino en cuanto *species*, como una suerte de *complicatio intentionalis* lo que significa que puede remitir al creador, a través del intelecto humano. Estamos ante una idea de *mens* como *mensura* que replantea la idea clásica de intencionalidad. Pues, no obstante, la mente humana no pierde nunca su carácter de dependencia respecto del origen, pues su función culmina en hacer visible la invisibilidad esencial del Absoluto. Además, lo real nunca puede ser reductible a pensamiento; lo real en la mente humana es lo real pensado, recreado, configurado, que remite al ejemplar de la mente divina. En este sentido se habla de una "especie" que complica la mente humana para acceder al Absoluto.

En realidad, la mente humana no es una suerte de *explicatio* de la divinidad (como puede serlo el mundo), sino que, propiamente, es "imagen de la complicación eterna"[29]. Todas las cosas están en Dios, pero allí están como ejemplares de las cosas; todas las cosas están en nuestra mente, pero como semejanzas de las cosas. Como Dios es la entidad absoluta que es complicación de todos los entes, del mismo modo, nuestra mente es la imagen de esa entidad

29. Nicolás de Cusa, *La mente*, edición de Ángel Luis González, Eunsa, Colección de Pensamiento Medieval y Renacentista, Pamplona 2008, IV, p. 65.

infinita, que es la complicación de todas las imágenes. La mente es imagen de Dios y es el ejemplar de todas las imágenes de Dios que son posteriores a él. Por ello, cuanto más participan de ella todas las cosas que vienen después de la mente simple, tanto más participan también de la imagen de Dios, puesto que la mente es de suyo imagen de Dios, y todo lo que es posterior a la mente, lo es exclusivamente por medio de la mente.

Nicolás de Cusa puede decir entonces que la mente es un arte finito, imagen del arte infinito. Y, en la medida, que recrea las cosas al conocerlas, se puede sostener que su asimilación de las cosas del mundo no es intencional en el sentido clásico del término, puesto que la mente humana recrea el mundo dentro de sí. No se trata de una representación al estilo kantiano, como pueden haber pensado algunos autores de la Escuela Neokantiana de Marburgo (piénsese en los volúmenes de Ernst Cassirer sobre *El problema del conocimiento*, cuyo primer tomo comienza precisamente con Nicolás de Cusa, en el marco de un "Renacer del Problema del Conocimiento"[30], pues el recrear del Cusano significa propiamente iluminar el mundo de tal modo que el hombre puede advertir que remite a la divinidad. En el sentido apuntado, se puede afirmar que uno de los principios que rigen el pensamiento de Nicolas de Cusa es esta idea de la mente como imagen de la divinidad.

---

30. Ernst Cassirer, *El problema del conocimiento en la filosofía y en las ciencias modernas*, FCE, México 1906, "En los primeros escritos de este pensador vemos cómo aparecen, a primera vista, referidos entre sí y entrelazados de un modo negativo el concepto de Dios (tema que considera central en la filosofía cusana) y el concepto del conocimiento. Negando y aboliendo progresivamente toda la determinabilidad propia del *saber* y de su objeto finito, llegamos con ello al ser y a la determinación del contenido de lo absoluto, p. 65. La Edad Media consideraba el objeto del saber supremo como trascendente... La época moderna comienza invirtiendo la concepción de la Edad media... El objeto al que dirige su mirada es inmanente: la conciencia, p. 71.

Como escribió Ángel Luis González, "El hombre ordena las imágenes creadas, al igual que el Absoluto crea los entes"; "Dios es creador entitativo, el hombre es creador nocional. La mente humana, noble imagen de Dios, participa según sus posibilidades, de la fecundidad de la naturaleza creadora, por cuanto extrae de sí misma, en cuanto imagen de la forma omnipotente, entes racionales, a semejanza de entes reales"[31]. En este sentido, conocer es medir, no es crear, pero sí recrear cognoscitivamente, como señaló Álvarez Gómez en *Der Mensch Shöpfer seiner Welt*. El conocer perfecto se realiza solamente en Dios. El mundo es dicho por Dios, y este decir es constitutivo; y el mundo es dicho por el ser humano, pero este es un decir nocional que representa o remite al decir divino pues la mente es imagen de la complicación divina. En definitiva, las cosas se encuentran en el Logos divino en su verdad propia, pero en la mente humana, según semejanza y a modo de noción significativa e inteligible.

Como ha expresado Claudia D'Amico, no puede hablarse ya en Nicolás de Cusa de la verdad como la *adaequatio intellectus ad rem*. Más bien, en el contexto de la inaccesibilidad del Absoluto y de la idea de *mens* como *mensura*, aparece otro de los grandes principios del pensamiento Cusánico, esto es el principio de la *docta ignorancia*. En el tema que estamos tratando, este implica que si la inaccesibilidad de la Verdad originaria incide en los límites del conocimiento humano, su retrato como "medida", permite que tenga en su mente las *explicata dei*, a las que dota de significado y, de este modo, hace visible –en la medida de la humana medida– la invisibilidad esencial de Dios mismo. Por ello siempre tendremos de lo real una aprehensión progresiva, conjetural, la mayoría de las veces.

---

31. A. L. González, "La doctrina de Nicolás de Cusa sobre la mente. Hacia una nueva gnoseología", p. 9.

En el marco del pensamiento cusano la pregunta fundamental sigue dirigida al ente y no al sujeto en sentido moderno, aunque es un sujeto entendido como imagen viva donde se resuelve la cuestión fundamental del conocimiento; y ello en el sentido en que la novedad aquí consiste en que busca la respuesta de la realidad óntica en el marco de la mente humana. La *mens* no es en efecto el fundamento de lo real, pero es la que da realidad de significado a las cosas. Crea *similitudines similitudinum divini intellectus*[32].

En el diálogo sobre la mente explica muy bien que la mente posee una fuerza o potencia, que, aun necesitando el estímulo de los sentidos, por ser "imagen de la absoluta complicación, que es la mente infinita, tiene el poder de asimilarse a toda explicación"[33]; esto es lo que implica el ser imagen de la simplicidad infinita que complica todas las cosas. Por ello, continúa: "Nosotros experimentamos, por tanto, que la mente es esa potencia que, aunque carezca de toda forma nocional, sin embargo, puede, estimulada, asimilarse a toda forma y producir nociones de todas las cosas, semejantes en cierto modo a una vista sana que está en la oscuridad y que jamás haya estado en la luz; esa vista está privada de toda noción actual de las cosas visibles, pero cuando adviene a la luz y es estimulada, se asimila a lo visible para tener una noción"[34]. Puede sostenerse, finalmente, que la idea de interpretación como forma del conocimiento en Nicolás de Cusa a las diversas interpretaciones de la mente como medida.

32. Cf. *El Berilo*, IV.
33. Nicolás de Cusa, *La mente*, IV, p. 66.
34. Nicolás de Cusa, *La mente*, IV, p. 67.

VII

La idea epistemológica
de un espejo de la naturaleza. Leibniz

La idea de un "espejo del universo" aparece de un modo bastante peculiar y significativo en el cuento de Oscar Wilde titulado *El pescador y su alma*: allí nos encontramos con el Espejo de la Sabiduría, en el cual "se reflejan todas las cosas del cielo y de la tierra –excepto el rostro de quien se mira en él". Exactamente, el alma, arrancada violentamente del cuerpo del pescador, deambula por el mundo en busca de verdades y, en un momento dado, pide a un sacerdote que le muestre a su dios; y así leemos:

"Temblando de pavor, el sacerdote me llevó entonces a una tercera estancia. Allí, ¡oh maravilla!, no había ídolo ni imagen alguna, sino solamente un espejo redondo de metal, colocado encima de un altar de piedra.

"Y dije al sacerdote:

"–¿Dónde está el dios?

"Y él me contestó:

"–No hay más dios que este Espejo, que es el Espejo de la Sabiduría. Todas las cosas del cielo y de la tierra las refleja, excepto el rostro de quien se mira en él. No lo refleja para que el que mire pueda ser sabio. Todos los demás espejos son espejos de la opinión. Sólo éste es el Espejo de la Sabiduría. Quienes poseen este Espejo, lo saben todo, y no hay nada oculto para ellos. Y quienes no lo poseen, no adquieren la Sabiduría. Este es el dios que adoramos nosotros. "Miré el espejo y tal como él me había dicho"[1].

¿Por qué no puede verse uno mismo? Porque, en este caso, el problema que tiene el espejo cuando se aplica a la comprensión del universo en su causa primera es que tiende a desdibujar el estatuto ontológico de la realidad reflejante –quien expresa– y de la realidad reflejada –quien se expresa. Y no sólo eso, sino que además lleva a identificar, o, por lo menos, a difuminar los límites entre ambos extremos. En efecto, y en estricta lógica, la imagen reflejada en el espejo debería corresponderse simétricamente con quien se mira en él: tienen que ser "lo mismo"; a menos que, como le ocurre a la *Alicia* de Lewis Carroll, quien se asoma al espejo halle ante sí un mundo inverso, distinto a la imagen real[2], llegando así al extremo de la confusión.

Aquí, la base para la especulación filosófico-teológica radica en lo siguiente. Cuando la persona humana anhela ver a "aquel que ve todas las cosas", debe hacer desaparecer su propia imagen; porque solamente en el despojo total de sí puede abandonar su autorreferencialidad y, al ver la verdad en su origen, mirándola, se sabe a sí mismo en su verdad más alta. No en vano, desde Aristóteles se ha considerado que el intelecto humano no debe ser nada en sí mismo para poder estar en posición de conocer todas las cosas. "El intelecto es separado", tesis común a toda la epistemología clásica. Su separación significa al mismo tiempo su inmaterialidad.

1. O. Wilde, *El Pescador y su alma*, Greenbooks Editors, Madrid 2020, pp. 10-11.

2. Cf. L. Carroll, *A través del espejo y lo que Alicia encontró allí*, Madrid 1992, pp. 243-245.

En la teoría clásica de la percepción y del conocimiento, todas las imágenes que llegan al alma proceden del mundo exterior, a través de la especie inteligible que es ya una superación de la imagen de la fantasía. Por este motivo, el hombre no puede tener una imagen de sí mismo, puesto que no hay algo exterior que imprima en él una especie sensible a partir de la cual pueda formar una imagen y, a través de ella, pase al intelecto. Este autodesconocimineto de sí es el que permite asomarse al Absoluto como espejo del universo en el que pueden verse todas las cosas, y, en esta mirada, recobrar la propia esencia. La imagen debe desaparecer para manifestar al Absoluto[3].

Si acudimos de nuevo a Nicolás de Cusa veremos que podría explicar el problema planteado en el cuento de Wilde. En efecto, cuando intenta ver a Dios en las cosas, de hecho, sólo accede a su invisibilidad: "no sé qué veo, ya que no veo nada visible. Solamente sé que sé que yo no sé qué veo y jamás podré saberlo"[4]. Y, al mismo tiempo, quien se mira en Dios como en un espejo, ya no se ve a sí mismo, sino a la misma verdad, de la que él es la figura: "mientras alguien mira en este espejo, ve su forma en la forma de las formas, que es el espejo. Y considera que la forma que ve en ese espejo es la figura de su forma, ya que así es en el espejo material pulimentado, aunque sea verdadero lo contrario, porque lo que ve en ese espejo de eternidad no es la figura sino la verdad, de la que el mismo que ve es la figura"[5]. Bien, aquí, el anhelo de captar el clásico *scio te ipsum* implica una suerte de retraimiento de la imagen que uno posee de sí mimo para llegar a ver a quien todo lo ve y contemplar, ahí, su sí mismo.

3. Cf. O. Boulnois, *Au-delà de l'image. Une archéologie du visual au Moyen Âge. Ve-XVIe siècle*, Seuil, París 2008.
4. Cfr. *De Visione Dei*, XIII.
5. *Idem.*, XV, 160.

Antes de nuestra era, la Sabiduría es definida en el libro sagrado como el espejo en el que se reflejan también todas las cosas que han de ser hechas. En efecto, en libro de la *Sabiduría* (7, 27) se describe a esta como: "espejo nítido de la acción de Dios" (y "reflejo de la luz eterna", 7, 26, así como: "imagen de su bondad", 7, 28). Desde ahí, son muchos los lugares y autores que tratan de este modo la idea de un espejo del universo.

Más allá de esa base para la especulación, en el siglo XVII Gottfried Wilhelm Leibniz aplicó las leyes de la dinámica y los nuevos conocimientos de la época sobre óptica a la –también nueva– disciplina de Teodicea. En su *Discours de Métaphysique* se representa al Absoluto observando una suerte de poliedro especular a la hora de crear el mundo; son sus palabras: "Pues Dios, volviendo, por así decir, de todos los lados y de todas las maneras el sistema de los fenómenos que él encuentra bueno producir para manifestar su gloria, y observando todas las caras del mundo de todas las maneras posibles –puesto que no hay en absoluto relación que escape a su omnisciencia– el resultado de cada vista del universo, como observada desde un cierto lugar, es una sustancia que expresa el universo conforme a esta vista, si Dios encuentra bueno hacer efectivo su pensamiento y producir esta sustancia"[6]. Así es como entra la idea de "espejo del universo" en la ciencia moderna. En este caso, no se atribuye exclusivamente al Logos divino, sino a cada ser del universo, pues cada sustancia es un "espejo" o una expresión de Dios sobre el universo o, también, una mirada de Dios sobre sí mismo: cada mónada expresa el autoconocimiento divino como conocimiento real. La figura poliédrica que mira el Absoluto "antes" de crear no es sino Él mismo desde la diversas –infinitas– maneras en las que puede "aparecer" su esencia. Ob-

---

6. G. W. Leibniz, *Discours de Métaphysique*, Gerhardt, *Philosophische Schriften* (G. *Phil.*), IV *parag.* 14, p. 439.

viamente, estas vistas no son contradictorias entre sí, sino que cada una expresa la misma esencia divina bajo una determinada expresión. De ahí que la filosofía del espejo se halle íntimamente ligada a la teoría de la expresión. Cada una de esas sustancias, en efecto, será denominada "mónada" por el filósofo y científico alemán. La noción de mónada significa para él la unidad que debe poseer todo ser vivo que, a su vez, siendo un "vista" o "mirada" de Dios sobre todo el universo, es un espejo viviente de ese mismo universo que ve la mirada absoluta. Así se expresa en diciembre de 1712 en una carta al filósofo y matemático Louis Bourguet: "Hay tantas sustancias verdaderas y, por así decir, espejos vivientes del universo y siempre subsistentes, o universos concentrados, como hay mónadas"[7].

¿Qué fundamento explicativo tiene Leibniz para ello? En el *Nuevo sistema de la naturaleza*, explica que cada sustancia de la naturaleza envuelve el infinito y expresa siempre todo su pasado y su porvenir, concluyendo que "esto llega aún más lejos, pues cada sustancia expresa en sí todo el universo"[8]. Afirmaciones de este tipo –que son, en realidad las conclusiones del sistema monadológico leibnziano– proceden de la crítica del de Hannover al mecanicismo y atomismo cartesianos. La inviabilidad, física y metafísica, del átomo material, llevó a Leibniz a plantearse la noción de unidad. La nueva noción física de fuerza fue analogada a la clásica noción de forma. La fuerza es para Leibniz principio de vida y de unidad, como lo era la forma en la metafísica griega. Leibniz llega así a unos "puntos inextensos" dotados de *energeia* que generan por sí solos lo que denominamos fenómenos de la naturaleza.

Cuando el pensador alemán trata de dar un fundamento metafísico a su sistema científico, accede a la idea de un Absoluto

---

7. G. *Phil.* III, p. 575.
8. G. *Phil.* IV, p. 475.

en el que se contienen todas las posibles miradas de sí mismo, las
cuales son infinitas; y, además cada una de ellas contiene lo que
Dios representa de sí desde una determinada visión de sí, esto es,
cada mirada es una perspectiva de cualquier universo que pueda
ser creado. Si esto último sucede, se entiende que cada ser creado
contiene en sí la infinitud divina desde una determinada visión o
perspectiva. Por ello puede denominarse espejo del universo.

Podemos hoy afirmar que Leibniz disolvió definitivamente el
concepto cartesiano de sustancia extensa, introduciendo –junto al
concepto de fuerza viva en la dinámica– su correlativo metafísico.
Esto lo consigue desde la intuición, demostrada después, de que lo
real se identifica, en un último análisis, con la energía constitutiva de la sustancia y que es expresión finita de la energía primera,
infinita, absoluta y creadora, esto es, de Dios. En este sentido, se
puede hablar de un nuevo aristotelismo, esto es, de una doctrina
metafísica emergente de la búsqueda en torno al fundamento de lo
real; en palabras del propio Leibniz, del origen radical de todas las
cosas. Pero, además, desde el momento en que la investigación en
torno al fundamento gira en torno a la idea de expresión / espejo,
puede hablarse aquí de la última etapa del concepto platónico-
cristiano de emanación. El concepto de lo real es ahora "una vista
o mirada" de Dios.

Podemos sostener que el pensamiento leibniziano, habiendo
visto las insuficiencias del mecanicismo atomista para explicar la
realidad y su fundamento, deja de estar en la fila de las filosofías
del *etsi Deus non daretur*, para abrirse una razón más amplia que
implique abrigar en su ciencia el sentido último de lo real.

La idea de espejo no tiene en Leibniz un carácter meramente metafórico, pues esa idea es la base científico-filosófica para
sentar las bases de la relacionalidad y armonía de las sustancias o
mónadas que componen el universo actual. La idea de espejo da
un sentido claro para observar el mundo actual en su orden de re-

laciones, pues cada mónada o espejo viviente del universo expresa o representa en sí todo aquello que las otras mónadas contienen sí. Su fuerza o energía permite el desarrollo de la naturaleza y del cosmos entero. Por otra parte, la idea de la mirada –el ojo– como espejo es tratada desde antiguo. Pero ha cobrado un especial relieve en óptica actual como rama de la física. En efecto, el ojo humano puede ser considerado como un sistema óptico. De hecho, la mayor parte de la refracción de la luz que penetra en el ojo tiene lugar en la superficie externa de la córnea; como han señalado Sears y Zemansky, "la refracción en la córnea y en las superficies del cristalino produce una imagen real del objeto que se mira. Esta imagen se forma en la retina, sensible a la luz que recubre la superficie interna posterior del ojo"[9]. Es decir, la retina desempeña el mismo papel que la película en una cámara. Una vez percibida la imagen se transmite a través del nervio óptico al cerebro.

Desde ahí, la gnoseología considere que el intelecto humano posee una función activa de, por así decir, despojar a la imagen de sus caracteres individuantes y alumbrar lo que la cosa es, más allá de sus accidentes i singulares. Esto es posible en tanto que el ojo no se comporta tanto como un espejo material sino como el instrumento del sentido de la vista. El espejo material, aunque brillante, es opaco y los rayos salientes de la luz recibida no pasan por el "punto de imagen", y por ello, lo reflejado ahí se denomina imagen virtual.

La importancia de la acuosidad del ojo y su reflejo también fue apoyada también por la polifacética –científica también– Hildegarda de Bingen en sus estudios físicos. Los ojos humanos, de modo espejeante, "muestran muchas cosas, porque son brillantes y

9. F. W. Sears / M. W. Zemansky, *et al.*, *Física moderna*, Pearson, México 2005, pp. 1286-1287.

acuosos, como la sombra de las criaturas que se reflejan en el agua.
El hombre conoce y distingue todas las cosas en su visión; y si careciera de visión estaría como muerto" (*Libro de las obras divinas*; cf. *Scivias*, Figura del coro de los ángeles).
Por su parte, es conocida la tesis de Richard Rorty en lo que se refiere a un presunto conocimiento especular. Recordemos una idea clave de su libro *La filosofía frente al espejo de la naturaleza*: "Las ideas actuales de lo que significa ser un filósofo están tan vinculadas con el intento kantiano de hacer conmensurables todas las pretensiones de conocimiento que es difícil imaginar 'que podría ser la filosofía sin la epistemología. (...) La dificultad procede de una idea que es común a los platónicos, kantianos y positivistas: que el hombre tiene una esencia –a saber, descubrir esencias. La idea de que nuestra tarea principal es reflejar con exactitud, en nuestra propia Esencia de Vidrio, el universo que nos rodea, es el complemento a la idea, común a Demócrito y Descartes, de que el universo está formado por cosas muy simples, clara y distintamente cognoscibles, el conocimiento de cuyas esencias constituye el vocabulario-maestro que permite la conmensuración de todos los discursos. / Hay que dejar de lado esa imagen clásica de los seres humanos antes de poder dejar de lado una filosofía cuyo centro esté en la epistemología"[10]. En esta aserción, en todo caso, habría que precisar la tesis de que la imagen clásica está ligada inevitablemente al platonismo entendido de ese modo.

La denuncia de Rorty es, por otra parte, enteramente acertada cuando se entiende que va dirigida a las filosofías de corte kantiano que han considerado a la mente humana un espejo pasivo del universo. En efecto, el intelecto no puede ser considerado como una suerte de espejo que reflejara pasivamente el mundo exterior,

---

10. R. Rorty, *La filosofía frente al espejo de la naturaleza*, Tecnos, Madrid 1983, p. 323.

olvidando aquella actividad intrínseca del intelecto humano de la que hemos hablado. Tomás de Aquino lo expresó del siguiente modo: "El radio de la divina revelación no se dispersa en las figuras sensibles, por las cuales viene velado, sino que conserva la integridad de su verdad, a fin de que a las mentes sobre las cuales se refleja no les sea permitido reposar en las imágenes, sino que deban elevarse a la contemplación de las verdades inteligibles"[11]. Es necesario entonces un acercamiento a la epistemología del espejo.

Cuando el pensar se repliega sobre sí mismo para afirmar que lo que expresa es solamente representación, no pueden enfocarse bien las cuestiones últimas, pues ellas se hallan más allá de las representaciones. La metáfora del espejo, en su sentido más estricto, no pone primariamente el acento sobre un supuesto carácter especular del conocimiento humano, como si su función fuese reflejar o representar, en sentido moderno, la realidad. La metáfora supone más bien la capacidad que posee el hombre de desvelar la índole fundamental de la realidad y mostrarla como expresiva de su verdad. Aquí aparece el significado propiamente metafísico de la metáfora del espejo: no es que la realidad manifieste por sí misma o para sí misma su sentido último, sino que, porque lo posee, la inteligencia humana, cuyo modo de ser difiere radicalmente del modo de ser del universo, está configurada de tal modo que es capaz de hacer presente el fundamento del mismo. La capacidad de presencialización es lo que Aristóteles denominó vida teorética o *nous*.

Llegados a este punto, podemos exponer que la filosofía de la imagen tiene que ver directamente con la noción de sentido y, especialmente, con la idea de un sentido de lo real. Desde la hermenéutica bíblico-medieval –que universaliza la noción de sentido– hasta la hermenéutica contemporánea –preocupada por el

11. *S. Th.* I, q. 1, a. 9, *ad* 2.

lenguaje sobre las cosas–, la noción de sentido se refiere al todo del universo. Expresa una conexión efectiva –no arbitraria o producto de una evaluación subjetiva– entre el conocimiento –sea humano o divino– y el conjunto de la realidad[12]. De este modo, la filosofía de la imagen trabaja en el contexto de una inteligibilidad global accesible para nosotros, como seres que tenemos un mundo. Invita a reflexionar sobre quiénes somos y a dónde vamos, qué nos corresponde hacer y cómo. Y, finalmente, qué horizonte de esperanza se nos abre si conseguimos saber la dirección a la que se dirige la acción práctico-teorética del conocimiento. Supone, por tanto, la unidad de la razón teórica y de la razón práctica, retomando la filosofía desde los interrogantes planteados por Kant, los cuales dividieron artificialmente la unidad de la vida intelectual humana, división que perdura actualmente. Y es que la noción de sentido asume tanto la metafísica como la ética.

Con el uso del espejo, pretende una reconciliación del yo consigo mismo, con su historia y con su origen; sostiene que esa integración solamente es posible desde una mirada espejeante que pone al otro en relación con uno mismo. El espejo, de este modo, supone un reto moral, centrado en el reconocimiento del semejante en cuanto diferente y, con ello, la posición de la propia identidad en la responsabilidad de hacerse cargo uno de sí mismo. El tema de la identidad y de la diferencia es central en este modo de pensar.

En aras a posicionarse sobre el sentido de la realidad, se apoya en una doctrina de la creación intencional, esto es, como procediendo de una palabra significativa. Esa intencionalidad va más allá de la teoría de las causas de trasfondo aristotélico, apelando más bien a una idea práctica que contiene en sí tanto el conocimiento como la dirección o fin de la acción.

---

12. Cf. M. Oliva, "Realist Meaning", *Critical Hermeneutics*, 6 (2), 2002, pp. 201-234.

A modo de Conclusión.
Gadamer sobre Cusa y el destino de Platón[1]

En este apartado final quiero exponer algunas ideas que Hans Georg Gadamer escribió –a propósito de la importancia del lenguaje para la hermenétuica– sobre la necesidad de pensar hoy la idea judeo-cristiana la creación por la Palabra. Podría aparecer así una noción de mundo que fuera realmente significativa para el descubrimiento del sentido de la vida humana en el orbe de lo creado; porque el modo de nuestro estar en el mundo depende mucho de cómo pensamos la creación. La creación del mundo puede no parecer, a primera vista, ser un tópico gadameriano. La discreción de Gadamer en las materias religiosas, así como su crítica de la metafísica, puede hacernos pensar que el filósofo de Heidelberg estaba más interesado en una teoría histórica de la comprensión y una ontología secular del lenguaje más que en tal amplio escenario religioso y metafísico como la creación del mundo. El entendimiento de la creación fue sin

1. En la primera parte de estas conclusiones reproduzco algunas ideas de Mirela Oliva –con quien he trabajado este asunto– expresadas en su libro: *Das innere vebum in Gadamers Hermeneutik*, Mohr Siebeck, Tübingen 2009 y en "Gadamer and Cusanus on Creation" *Philosophy Today;* May 2011; 55, 2; ProQuest Research Library, pp. 184-195.

embargo crucial para Gadamer, porque influye radicalmente en la manera en que vivimos. La creación tiene una alta relevancia que no está limitada a la pregunta de "¿por qué hay algo más que nada?" De hecho, Gadamer ve en el entendimiento de la creación la base de ideas filosóficas acerca de cómo somos y cómo experimentamos nuestro mundo.

Recuerda Gadamer que la creación -en consonancia con el Prólogo de Juan- ocurre por medio de la palabra de Dios. Y de estemodo, la cuestión teológica del Verbo divino se presenta como contraimagen de la palabra humana.

Gadamer se entretiene con la tesis cristiana de la creación centrándose en la espiritualidad de Dios, en reacción a la concepción de la *creatio ex nihilo* que descuidaría el papel de la interioridad divina en la creación. El punto de partida es la interpretación de Gadamer de algunos temas importantes de la filosofía de Nicolás de Cusa. En gran parte de la filosofía moderna, el dogma de la creación había sido separado de los demás dogmas complementarios de la Trinidad y la Encarnación; una recuperación del contexto teológico original permite a Gadamer volver a un sentido genuino de la creación y elaborar la relevancia filosófica de algunas figuras teológicas que no son usualmente consideradas por la filosofía. Este tratamiento es congruente con la interpretación de Gadamer del *verbum interius* en la tercera parte de *Verdad y Método*. Para él, la doctrina del verbo interior alcanza su cumplimiento con la innovación terminológica del Cusano: *complicatio-explicatio*. La espiritualidad del espíritu divino es el motivo de su desarrollo y constituye la principal preocupación de Gadamer. La idea de la creación basada no en una externa y ciega casualidad sino en una *fecunda espiritualidad* del espíritu divino representa un precioso recurso de la Cristiandad que puede dar frutos contra la mentalidad caracterizada por una degeneración de la creación como una estéril productividad. Es más, esta idea ayuda a Gadamer a reformular los problemas especulativos y metafísicos de un modo diferente del onto-teológico.

El interés de Gadamer en Nicolás de Cusa tiene también una expresión formal: era el director de la comisión Cusana de la Academia Heidelberger y editó los trabajos del Cusano para la Academia. Como editor, Gadamer subrayó que una gran parte de la herencia de Nicolás de Cusa tiene que ser aún descubierta.

Gadamer no comparte la lectura neokantiana de Nicolás de Cusa, a la que hemos hecho referencia en el texto de este trabajo; está de acuerdo en la diferencia entre la epistemología antigua y medieval y la epistemología de Cusa, así como de la relevancia de su epistemología para las ciencias modernas. Sin embargo, hay en él algo más que la idea de imprecisión del conocimiento que lleva a la medición. Diciendo esto, Gadamer propone una doble comprobación en la modernidad: por un lado, muestra el cambio de un punto de vista clásico del mundo a uno moderno a través de Cusa; por otro lado, descubre en su pensamiento algunos elementos que podrían ayudar a resolver el *punto muerto* de la modernidad misma.

La hermenéutica construye una ontología que empieza en la finitud humana, pero, simultáneamente, intenta romper con el subjetivismo moderno y rechaza el dominio del método instituido por las ciencias modernas mientras que mantienen la idea de un arte del entendimiento (*Kunst des Verstehens*). La interpretación de Gadamer del Cusano puede ser vista como una forma de la compleja relación con la actualidad.

La pieza perdida de la reconstrucción neokantiana que juega el papel principal en la lectura de Gadamer es la similitud entre la mente humana y la divina. El impreciso conocimiento señalado por los neokantianos tiene una contrapartida en la habilidad de la mente humana para envolver o contraer (*complicatio*) el mundo entero en sí mismo y después desenvolver (*explicatio*) en el lenguaje, de la misma forma en que el espíritu divino envuelve el mundo en sí mismo. La dinamicidad de la espiritualidad de la mente es aquí la llave para un cambio radical de nuestra visión de la creación, así como de nuestra relación con el mundo, un cambio que fue preparado por la filosofía y la teología medieval y que cancela los efectos de la *docta ignorantia* en el nacimiento de las ciencias naturales.

El Cusano permanece ajeno a la mentalidad moderna de la fría abstracción y la rígida regularidad, como muestran sus matemáticas. Su principio especulativo de *coincidencia oppositorum* es ilustrada con demostraciones matemáticas, pero de una forma que está lejos de ser impuesta al ideal moderno de ciencia: su idea de infinitud, por ejemplo, ofrece ciertamente los principios para el cálculo infinitesimal de un Leibniz, pero a la vez es formulada ante la visión del horizonte en el que ve la unión del cielo y la tierra. Al contrario que las ciencias modernas, las matemáticas del Cusano permiten la ascensión a la unidad divina en la que todos los contrarios están juntos. La unidad divina no es la colección de ideas o especies, sino el rico envolvimiento del mundo que puede ser envuelto en una variedad de cosas creadas. La creación ya no significa la simple realización de ideas sino el fruto de la vitalidad de la mente divina o la riqueza de la espiritualidad. Como imagen de Dios, la mente humana no crea imitando ideas, sino construyendo y desarrollando una rica diversidad de posibles figuras.

Complicatio/explicatio representa así una innovación terminológica que sostiene juntas la espiritualidad de Dios y la creación del mundo. En este sentido, *complicatio* y *explicatio* están destinadas a revelar la creación del mundo arraigado en el espíritu divino. *Complicatio* es el envolvimiento del mundo entero en la mente de Dios; la multiplicidad envuelta es entonces desplegada (*explicatio*) en una diversidad de seres creados. La relación entre *complicito* y *explicatio* puede ser ejemplificada a través de la relación entre el punto y la línea: el punto es el envolvimiento de la línea (contiene en sí mismo la posibilidad de la línea), mientras que la línea es el despliegue del punto. Todo está en Dios y Dios está en todo. Uno podría objetar que *complicatio* no es otra cosa que una nueva versión de las ideas platónicas localizadas en la mente divina. Pero esta sospecha puede ser definitivamente eliminada avanzando un paso más en el problema de la palabra divina. Una decisiva ruptura de la ontología antigua es realizada traspasando la estructura de *complicatio* al nivel de la palabra divina (*verbum*).

La tradición cristiana del mundo interior es analizada en la tercera parte de *Verdad y Método* como una contrapartida del olvido del lenguaje inaugurada por Platón y característico de la filosofía moderna. Gadamer descubre en esta tradición un recurso precioso, pues la idea del mundo interior sostiene juntos el dogma de la creación y el dogma de la Encarnación. A pesar de su distancia con la religión, Gadamer no dudó en asumir la misión de recuperar la Encarnación en su relación con la dignidad del lenguaje. La idea de un mundo interior fue introducida por Agustín en *De Trinitate* para hacer más cercanos al entendimiento humano los dogmas de la Trinidad y de la Encarnación.

Como hemos visto, Agustín resuelve el problema distinguiendo entre una palabra del corazón (*verbum cordis*) que es independiente del lenguaje natural y una palabra exterior (*verbum prolatum*) –la palabra hablada que pertenece al lenguaje específico. Aquino asume esta distinción y la desarrolla enormemente a través del concepto de *emanatio*. Mientras que la emanación neoplatónica se refiere al nacimiento del mundo, Tomás sitúa la emanación dentro de la economía trinitaria: *emanatio* designa el proceso de generación del mundo interior de Dios (Dios Hijo). Su tratamiento del *verbum mentis* es más detallado y más técnico que el análisis de Agustín en *De Ttrinitate*.

La relación entre el mundo interior y el exterior es la misma que entre la segunda persona de la Trinidad y Jesucristo. Esto es, la palabra humana externa se origina desde una palabra interna de la misma manera que Jesús encarnado se relaciona con la segunda persona de la Trinidad, que estaba en Dios desde la eternidad. La palabra interior y la exterior no son dos palabras distintas; similarmente, Jesús encarnado y la segunda persona de la Trinidad no son dos personas. La palabra interior y la palabra exterior son dos aspectos de una y única palabra. La generación de la palabra interior dentro de la Trinidad es por tanto el punto de partida que hace posibles la Creación y la Encarnación. La palabra interior es el término medio a través del cual Dios crea el mundo; y es también aquello a través de lo cual Dios es encarnado.

Gadamer reconoce en las ideas del Cusano de *complicatio* y *explicatio* la misma orientación hacia la espiritualidad de la mente divina presente en el *verbum interius*. Es más, considera al Cusano como el apogeo de la tradición cristiana del *verbum*, en la medida en que enfatiza, tal vez más que sus predecesores, el aspecto creativo del *verbum*. Mientras que Agustín y Tomás se centran en la aparición de la palabra interior desde la mente de Dios, el Cusano se centra especialmente en la relación entre la espiritualidad de Dios y el mundo. Para Agustín y Tomás el proceso de generación de la palabra interior tiene prioridad. Agustín lo describe a través de las tríadas *mens-notitia-amor* y *memoria-voluntas-scientia*, y Tomás a través del concepto de *emanatio*. Nicolás, a su vez, se centra en el par *complicatio/explicatio* que expresa una relación de la palabra al mundo. La agudeza de Gadamer es en este contexto remarcable: no sólo integra a Cusa con la tradición del verbo interior, sino que además alaba su contribución como una decisiva intensificación de esa. Su interpretación tiene un fuerte valor exegético, porque el Cusano no es generalmente mencionado en los estudios históricos sobre la tradición de la palabra interior. A pesar de este reconocimiento histórico, la lectura de Gadamer también aumenta la fuerza especulativa del concepto de palabra interior, mostrando que la hermenéutica es el lugar apropiado para el renacimiento de este recurso cristiano.

Una expresión cusaniana de alguna manera similar al *verbum interius* es *vocabulum naturale*, mencionada por Gadamer en el capítulo "Lenguaje y Formación de conceptos" al final de *Verdad y Método*. La formación de conceptos está relacionada con este *vocabulum naturale* que hace posible el despliegue de la unidad del espíritu en la multiplicidad de palabras y de lenguajes. Unidad de espíritu no significa aquí la existencia de contenidos invariables que pueden ser expresados de forma diferente en distintos lenguajes, sino más bien un ímpetu de ir al lenguaje que permanece universal a pesar de la diferencia entre varios lenguajes. Esta unidad de espíritu debe ser entendida como la *complicatio* y no como la colección de ideas.

La diferencia entre las ideas platónicas y la *complicatio* cusana puede ser detallada mejor en el concepto de posibilidad, que representa, de acuerdo con Gadamer, una contribución muy productiva a la idea de creación a través de la palabra de Dios. La modificación de la ontología antigua ocurre no sólo a través de la introducción de la palabra como medio de la creación del mundo, sino también a través del concepto de posibilidad que tiene una peculiar relevancia para el pensamiento hermenéutico. El milagro de la palabra, dice Gadamer, consiste en la creación sin un pre-existente material. Consecuentemente, la palabra debe estar relacionada con la posibilidad, porque la palabra no realiza un ser que ya existe en la mente divina de la forma en la que nosotros simplemente copiamos una figura de un trozo de papel.

En *De possest*, el Cusano forma la expresión *possest* destinada a expresar la plenitud de Dios abrazando todo lo que puede ser. Una criatura no abraza todas sus posibilidades; sólo en Dios están

todas las posibilidades sostenidas juntas; sólo en Dios *posse=esse*.
La validez de esta innovación terminológica está justificada por el
Cusano primero a través de la independencia de la posibilidad y la
actualidad en el nivel divino. La actualidad absoluta es aquella a
través de la cual las cosas que actualmente existen son lo que son,
como la blancura que permite a nuestros ojos ver las cosas blancas.
La actualidad absoluta es también capaz de existir; así, la actualidad absoluta es también absoluta posibilidad (*possibilitas absoluta*).
En Dios, la actualidad y la posibilidad coinciden; sólo en las cosas
creadas la actualidad y la posibilidad están separadas.

Debe notarse que Gadamer da crédito también a la idea de
Aquino de Dios como *actus purus* y de *verbum interior* como generación *ut actus ex actu*, como un acto desde el acto. La razón por la
que está de acuerdo con el rechazo del Cusano del *actus purus* puede encontrarse en diferentes acentos que las figuras de espiritualidad y de creación adquieren en la concepción agustiniana/tomista
y en la concepción cusaniana respectivamente. Esta diferencia está
relacionada con la diferenciación de intereses que he mencionado
antes, a saber, la prioridad de acuerdo con la generación de la palabra interior en Agustín y especialmente en Aquino, y la prioridad
de acuerdo con la relación entre la espiritualidad de Dios y la creación del mundo en el Cusano. Mientras que analiza la generación
de la palabra interior, Gadamer golpea la descripción de Aquino
de esta generación en términos de acto –*ut actus ex actu*, como
un acto desde el acto–; es más, Gadamer insiste en el carácter de
acto del *verbum* porque resuena con la categoría hermenéutica de
evento. De todas formas, cuando continúa su análisis de la palabra
interior al nivel de la formación de conceptos e implícitamente
al nivel de la creación, cambia a la *possest* del Cusano porque nos
permite entender la riqueza de la creación. *Complicatio/explicatio*
y *possest* traducen la vitalidad de la espiritualidad de Dios, justamente descrita como acto en su procesualidad, en la rica configu-

ración de un mundo que no es una simple copia de ideas, sino una manifestación de la plenitud interior de Dios. Aunque Gadamer no enfatiza explícitamente esta doble cuenta del *verbum interius* y de la creación como *actus* y como *possest*, su sutileza constituye la firma de la recuperación hermenéutica del *verbum interius*. De hecho, el uso que Gadamer hace de Agustín, Aquino y Cusa está completamente integrado en ese pensamiento hermenéutico y se corresponde con sus preocupaciones con el espíritu de nuestro tiempo.

Sin duda, son remarcables las consecuencias de la lectura de Gadamer sobre Cusa el debate filosófico actual. La focalización de Gadamer en la espiritualidad de Dios y en la creación a través de la palabra divina está destinada a enriquecer la recepción moderna del tradicional de *creatio ex nihilo*. A sus ojos, *creatio ex nihilo* es simplemente una descripción formal de la creación que permanece condicionada por la lógica de la negación de la Grecia antigua. De hecho, *ex nihilo* puede que sea formalmente correcto, porque Dios no emplea ningún material para crear, pero aun así no describe totalmente el núcleo sustancial de la tradición judeo-cristiana que es expresada por la teología de la Palabra. Eso es por lo que es sólo una descripción formal del devenir de la creación que es encontrada en la negación griega, si uno puede llamar a esto devenir de nada. La estructura ontológica de *creare*, de lo creacional, es diferente.

Pensar sobre la creación representa una tarea para la filosofía. La exigencia de superar la onto-teología así como la necesidad de curar los excesos y los desvíos de nuestro tiempo puede ser conseguida por una rearticulación hermenéutica de la creación capaz de comprender las dinámicas fructíferas de la espiritualidad divina y humana y su relación con la configuración del mundo.

El propio Platón ha adquirido hoy una gran relevancia en lo que se refiere a las investigaciones sobre la configuración del mundo y del sentido de la vida humana. Efectivamente, se ha subrayado la función *meta-lógica* de muchos de sus mitos, función que no va en contra del *logos* sino que, al contrario, lo ilumina. Tal es el caso de los mitos escatológicos tanto del *Gorgias*, del *Fedón* o del *Timeo* sobre el destino de las almas que llegan al Hades: "Por lo que respecta a la forma de alma más importante que hay en nosotros, es preciso darse cuenta de esto: que el dios nos la ha dado a cada uno como un *demon*. Esta es la forma de alma que decimos habita en la parte superior del cuerpo y que se eleva de la tierra hacia la realidad con la cual tiene afinidad en el cielo, en conto nosotros no somos platas terrenales, sino celestiales.

Sostener que esto o alguna cosa semejante a esta debe acontecer con nuestras almas y con sus moradas, desde el momento en que el alma ha resultado ser inmortal, esto me parece que conviene y que vale la pena arriesgarse a creerlo, porque el riesgo es bello"[2].

La preocupación de cada persona por su propio desarrollo y perfeccionamiento es una de las características más llamativas de la filosofía: el significado *ético* del pensamiento especulativo.

Bello también es el mito de Er narrado al final de la *República* (621) y que relata la dinámica de la libertad en la elección de la vida y que el alma de Ulises no bien divisó su suerte, "la tomó con gusto"; expresando, finalmente, la salvación por el mito: "He aquí, pues, querido Glaucón, de qué modo se salvó y no se perdió este mito. Y el mismo, a su vez, puede salvarnos a nosotros si le creemos; de ese modo podremos atravesar indemnes el río Lete y no contaminar de él nuestra alma". Como ha recordado Giovanni Reale se puede interpretar *el mito como un modo de "pensar por imágenes" en sinergia con el Logos*[3].

2. *Fedón*, 113e-114d.
3. G. Reale, *Platón. En búsqueda de la sabiduría secreta*, Herder, Barcelona 2001.

Bibliografía

Fuentes (*por orden histórico*)

Platón, *Diálogos*, Aguilar, Madrid 1969.

S. Aurelii Augugustini (Augustinus Hipponensis), *Opera Omnia*, en *augustinus.it*, en colaboración con Biblioteca de Autores Cristianos.

Alanus de Insulis, Magistri Alani, *Rhytmus, quo graphice natura hominis fluxa et caduca depingitur*, *Opera omnia*, Migne, CCXII, 579.

Juan Escoto Eriúgena: É. Jeauneau, *Iohannis Scotti seu Eriugeniae Periphyseon*, Corpvs Christianorvm, Continuatio Medievalis CLXII, Brepols, Turnholt, 1997, II.

Juan Escoto Eriúgena, *Annotationes in Marcianum Capella*, 57, 15. Ed. de B. Hauréau, *Le commentaire de J.S.E. sur Martianus Capella*, en "Notices et extraits de quelques manuscrits de la Bibliothèque impériale", París 1862, XX, 2.

Juan Escoto Eriúgena, *Commentaire sur l'Evangile de Jean*, Introduction, texte critique, traduction, notes et index de E. Jeauneau, *Sources chretiennes*, 180, Cerf, París 1972, Lib. I, XXVII, 72-74. (*PL* 304 B).

Juan Escoto Eriúgena, *Homilia in Prologum S. Evangelium secundum Joannem*, Introducción, texto y notas de E. Jeauneau, *Sources Crétiennes*, 151, Cerf, París 1969, XIII.

Hildegarda de Bingen, *Libro de las obras divinas*, Traducción de: M. I. Flisfisch, M. E. Góngora y M. J. Ortúzar. *Introducción* de M. E. Góngora, p. 130. Hildegardis Bingensis, *Liber Divinorum* Operum, cura et studio A. Denolez et P. Dronke, Brepols, Turnholti 1996. Corpus Christianorum. Continuatio Medievalis, 92.

Hildegarda de Bigen, *Scivias: Conoce los caminos*, Traducción de Antonio Castro Zafra y Mónica Castro, Trotta, Madrid 1999, pp. 428-429. *Scivias: Il nuovo cielo et la nova terra.* A cura di Giovanna della Croce; presentazione di Bruce W. Hozeski, Librería Editrice vaticana, Città del Vaticano 2002.

Tomás de Aquino, *Summa Theologiae*, Edizione Paoline, Milán 1988.

Tomás de Aquino, *Acerca del Verbo*, Edición de M. J. Soto-Bruna, *Anuario Filosófico*, Pamplona 2000.

M. Eckhart, *Die deutschen und lateinischen Werke*, hg. Im Auftrage der Deutschen Forchungsgemeinschaft von J. Quint, Stuttgart 1956 y ss., p. 154 / 465.

Nicolae Cusae Cardinalis Opera I, París 1514 (reimpr. Frankfurt 1962), fol. 99r – 114r). Texto crítico: *Nicolai de Cusa. Opera Omnia, iussu et auctoritate Academie Litterarum Heidelbergensis ad codicum fidem edita*, vol. VI: *De visione Dei*, edidit Adelaida Dorothea Riemann. Ed. F. Meiner, Hamburgo 2000. Trad. española: Ángel Luis González (traducción e introducción), *La visión de Dios* (5ª ed. revisada), Eunsa, Pamplona 2007. Trad. francesa: Agnès Minazzoli (introduction et traduction), *Le Tableau ou la vision de Dieu*, La nuit surveillée, ed. du Cerf, París 1986.

Nicolás de Cusa, *El Berilo*, 4, Traducción e introducción de Ángel Luis González, Eunsa, Colección de Pensamiento Medieval y Renacentista, p. 196.

Nicolás de Cusa, *La caza de la sabiduría*, XVII, 49, edición bilingüe. Traducción, notas y comentarios de Mariano Álvarez Gómez. Ediciones Sígueme, Salamanca 2014.

Nicolás de Cusa, *La mente*, edición de Ángel Luis González, Eunsa, Colección de Pensamiento Medieval y Renacentista, Pamplona 2008.

G. W. Leibniz, *Discours de Métaphysique*, Gerhardt, *Philosophische Schriften*.

G. W. F. Hegel, *Vorlesungen über die Geschichte der Philosophie*, Teil III, Vollständige Ausgabe, Berlín, 1836, XV, 373. Tr. de W. Roces, F. C. E., Buenos Aires 1957.

Obras citadas

W. Beierwaltes, *Identità e Differenza* (*Identität und Differenz*), tr. Salvatore Saini, Vita e Pensiero, Milán 1989.

W. Beierwaltes, *Eriugena. Grundzüge seines Denkens*, V. Klostermann, Frakfurt a. M. 1980.

W. Beierwaltes, "Zu Augustins Metaphysik der Sprache", *Augustinian Studies*, 2, 1971, pp. 179-195.

W. Beierwaltes, *Einheit und Gleiheit. Eine Fragestellung im Platonismus von Chartres und ihre Rezeption durch Nikolaus Cusanus, en Denken des Einen*, Vittorio Klostermann, Frankfurt a. M. 1985.

H. Blumenberg, *La posibilidad de comprenderse*, tr. De C. González, Síntesis, Madrid 2002.

H. Blumenberg, *La risa de la muchacha tracia. Una protohistoria de la teoría*, tr. De T. Rocha y I. Reguera, Pre-Textos, Valencia 2000.

O. Boulnois, *Au-delà de l'mage. Une archéologie du visual au Moyen Âge. Ve-XVIe siècle*, Seuil, París 2008.

M. Brugarolas, "Divine Simplicuty of Man: Gregory of Nissa on the Distinction betwen the Uncreated and the Created", *American Catholic Philosophical Quarterly* 91, 2017, pp. 29-51.

Ernst Cassirer, *El problema del conocimiento en la filosofía y en las ciencias modernas*, FCE, México 1906.

C. D'Amico, *Hildegarda de Bingen. Filósofa de lo invisible*, Galerna, Buenos Aires 2023.

U. Eco, *De los espejos y otros ensayos*, Debolsillo, Barcelona 2012.

H.-G. Gadamer, *Verdad y método. Fundamentos de una hermenéutica filosófica*, (Tr. A. Agudo Aparicio y R. de Agapito), Salamanca 1977.

A. M. González, *Descubrir el nombre. Subjetividad, identidad, socialidad*, Comares, Granada 2021.

A. Ibáñez, *A través del espejo*, Atlanta, Girona 2016.

F. Inciarte, *Imágenes, palabras, signos. Sobre arte y filosofía* (ed. L. Flamarique), Eunsa, Colección Cátedra Félix Huarte, Pamplona 2004.

A. Kijewska, "The Eriugenian Concept of Theology. John the Evangelist as the Model Theologian", en *Johannes Scottus Eriugena. The Bible and Hermeneutics* (eds. G. Van Riel, C. Steel, J. McEvoy.), University Press, Lovaina 1996, pp. 173-193.

R. Konersmann, *Lebendige Spielel. Die Metapher des Subjekts*, Fischer Taschenbau, Frankfurt a. M. 1991.

I. León, *El arte creador en San Buenaventura. Fundamentos para una Teología de la Belleza*, Eunsa, Pamplona 2016.

Guillaume de Lorris et Jean de Meun, *Le Roman de la Rose*, ed. De A. Mary, Folio classique, Gallimard, Paris 1984.

W. J. T. Mitchell, *Teoría de la imagen. Ensayos sobre la representación verbal y visual*, Akal, Madrid 2009.

M. Oliva, "Realist Meaning", *Critical Hermeneutics*, 6 (2), 2002, pp. 201-234.

M. Oliva, *Das innere vebum in Gadamers Hermeneutik*, Mohr Siebeck, Tübingen 2009.

M. Oliva, "Gadamer and Cusanus on Creation" *Philosophy Today;* May 2011; 55, 2; ProQuest Research Library, pp. 184-195.

E. Peroli, *Platonisme et christianiame*, Cerf, París 2024.

G. Reale, *Platón. En búsqueda de la sabiduría secreta*, Herder, Barcelona 2001.

E. Reinhardt, *La dignidad del hombre en cuanto imagen de Dios. Tomás de Aquino ante sus fuentes*, Eunsa, Pamplona 2005.

R. Rorty, *La filosofía frente al espejo de la naturaleza*, Tecnos, Madrid 1983.

R. Rorty, *Philosophy and the Mirror of Nature*, Princeton University Press, New Jersey 1980.

F. W. Sears / M. W. Zemansky, *et al.*, *Física moderna*, Pearson, México 2005.

M. J. Soto-Bruna (Ed.), *Causality and Ressemblance. Medieval Approaches of Nature*, Olms, Europaea Memoria. Studien und Texte zur Geschichte der europäischen Ideen. Reihe I: Studien, 127, Hildesheim, Zúrich, Nueva York 2018.

M. J. Soto-Bruna, "La *imago Dei* como autoconocimiento y a libertad: su significado en Leonardo Polo y Nicolás de Cusa", *Studia Poliana* (15) 2013, pp. 179-189.

O. Wilde, *El Pescador y su alma*, Greenbooks Editors, Madrid 2020.